PRINCESSES DES RUES

QUINZE ANS AU SECOURS DE L'ENFANCE AUX PHILIPPINES

PAR LAURENCE LIGIER

INGÉRENCES

tchou

PRÉAMBULE

J'aurais tant aimé...
Avoir été peut-être utile
C'est un rêve modeste et fou
Vous me mettrez avec en terre
Comme une étoile au fond d'un trou

Louis Aragon

Très jeune, il m'est apparu nécessaire de donner un sens à ma vie en répondant à la souffrance des plus démunis. Je voulais comprendre «l'autre» : le marginal, l'exclu, l'abandonné. Je voulais combattre l'injustice et mettre mon énergie au service d'une cause humaine et noble.

Je me souviens encore du jour où j'ai répondu « oui » quand on a eu besoin de moi. C'est une singulière aspiration que de vouloir dédier sa vie à l'autre tout en gardant le sentiment de ne pas s'abandonner soi-même. J'ai pensé y parvenir en recherchant cet ultime équilibre qui donne à des êtres, d'ici ou d'ailleurs, l'occasion de grandir dans l'harmonie de leurs rencontres et de leurs échanges.

Aînée de deux autres sœurs, l'amour de mes proches m'avait tout donné pour entreprendre une vie paisible, heureuse et rangée. Pourtant, le désir impérieux de réaliser un rêve inouï, d'engager un pari insensé m'a fait quitter les miens. Pour aller loin, très loin. Et peut-être aussi pour mieux revenir.

Le récit qui suit est l'occasion de parcourir quinze ans de mon existence, c'est-à-dire la moitié d'une vie passée aux Philippines auprès des enfants victimes de maltraitance, d'exploitation et d'abus sexuels.

C'est également l'occasion de témoigner de tous ces moments exceptionnels qui m'ont marquée et qui pourront servir de réflexion à tous ceux qui souhaitent s'engager dans l'humanitaire.

À ceux-là, je voudrais dire : « Croyez en vos rêves, volez au plus haut et ne baissez jamais les bras lorsque la cause est juste. Vous qui avez la chance d'être nés du bon côté des frontières, si vous êtes certains de pouvoir aider et certains de pouvoir aimer, alors ouvrez seulement les yeux et tendez simplement la main. »

Lorsque j'ai ouvert mes yeux sur la souffrance des enfants abusés aux Philippines, et que je me suis engagée à leurs côtés, je ne savais pas encore que ce serait pour la vie...

Ce n'est pas la souffrance de l'enfant qui est révoltante mais le fait que cette souffrance ne soit pas justifiée.

Albert Camus

AGRESSION

Mai 2002. Minuit. Iloilo

Je suis chez moi, seule, dans ma chambre. Couchée plus tôt que d'ordinaire, je dors déjà car la journée a été longue et épuisante.

Je suis brutalement réveillée par le sentiment de ne plus être seule. J'ouvre les yeux, mais la nuit est sombre. Je ne bouge pas et j'écoute. Il y a comme une respiration tout près de moi. Figée par la peur, je feins de dormir, quand, soudain, le parquet se met à craquer. Mon cœur bat la chamade alors qu'une ombre émerge de l'obscurité : c'est un homme presque nu, qui se penche sur moi. À peine ai-je eu le temps de voir briller la lame du couteau qui s'avance vers ma gorge que déjà je roule sur le côté, et saute du lit pour lui échapper.

À nouveau debout devant mon agresseur, je m'entends hurler : « Sin-o ka ? Ano gusto mo ? » (Qui es-tu ? Que me veux-tu ?) Je ne connais pas l'homme qui me fait face. Il est en slip, trempé. De l'eau ruisselle encore sur le sol. J'imagine qu'il a dû rejoindre l'arrière de ma maison sur pilotis en traversant la rivière.

Il ne répond pas à mes questions. Est-il là pour me tuer, me violer, me kidnapper, me voler ou juste me faire peur ?

Défilent alors très vite les images des enfants, de tous ceux que j'aime et qui m'interdisent de mourir, surtout pas de cette façon. Dès lors je ne pense qu'à sauver ma vie.

L'individu a la peau foncée et je distingue très mal ses traits, d'autant plus que mon regard ne quitte pas la lame du poignard. C'est un éclair qui repart vers mon corps. Je l'esquive, attrape le bras de mon agresseur et je lui porte aussitôt un violent coup de genou dans le ventre.

L'homme est plié en deux. Sans doute n'avait-il pas prévu qu'il venait pour assassiner une ceinture rouge de taekwondo. Je pratique cet art martial quatre heures par semaine et je suis rompue aux combats et aux blocages de bras. Je me serais sans doute passée de cette occasion de mettre la théorie en pratique... mais la première parade a fait revenir tous mes automatismes. Je suis désormais en garde, parfaitement concentrée.

Le tueur revient à la charge, mais, pour toucher les quelques pesos de sa mission, il a, lui aussi, pris la mesure de la situation. Il est bien plus rapide et son couteau m'entaille profondément le bras droit. Malgré la douleur, je le frappe de nouveau pour éviter qu'il ne me poignarde au cœur.

Je pose ma main gauche sur mon bras blessé et mon doigt rentre dans la plaie qui est profonde. J'y sens la chaleur et l'humidité du sang qui s'écoule. Sans savoir si j'ai une chance d'être entendue, je hurle à la cantonade : « Help me please ! »

Le tueur s'énerve et devient très violent. Ses coups rapides pleuvent de tous les côtés et sa lame me touche encore à deux reprises. Tout en continuant de crier pour alerter mes voisins, je mets toute ma force dans mes coups de genou. Mes quatre heures de sport hebdomadaire finissent par me sauver la vie. L'homme renonce, recule, s'enfuit, et il plonge dans la rivière. Je l'entrevois nageant jusqu'à la *banca* (bateau à balancier à moteur) qui l'attend et il disparaît dans la nuit.

Je reste seule sur la terrasse, épuisée, hébétée. Ma tête me tourne. Je m'assieds. À l'évidence, j'ai perdu beaucoup de sang.

Une fois de plus, je vais passer à l'hôpital puis au poste de police pour porter plainte et réclamer une enquête. J'en ai pris l'habitude : c'est la troisième fois qu'on en veut à ma vie. Le fait de me voir saine et sauve m'arrache un bref sourire : comme ses prédécesseurs, ce minable tueur à gages n'aura pas eu ma peau.

Car ces « petits » tueurs ne sont pas des professionnels. Ils acceptent leur « job » pour gagner un peu d'argent mais ne sont pas très habiles. Il leur arrive de rater leur cible... et c'est aussi bien...

Dans la voiture qui m'emmène aux urgences, la pauvreté des rues est plongée dans la nuit. Mon regard s'y perd, mes réflexions s'y noient.

Quel prix dois-je payer pour protéger les enfants et combattre l'injustice ? J'ai certes choisi la voie de l'humanitaire, une cause sensible dans un pays pauvre et politiquement fragile, et je suis prête à en assumer les difficultés, l'inconfort, la fatigue, les découragements. Mais ai-je choisi de risquer ma vie et de la perdre si tôt ? Même si je suis juste une femme engagée, déterminée à agir au nom des plus faibles et des victimes, ces menaces perpétuelles et ces agressions répétées affectent ma santé et mon moral. Je me sens soudain humaine, rien qu'humaine. Pourtant c'est au nom de cette humanité que je me dois de survivre. C'est pour les enfants d'ici que je me convaincs une fois de plus de ne pas renoncer.

Je regarde le ciel qui scintille et je remercie mes anges gardiens. Ce n'est pas encore ce soir que je serai enterrée «comme une étoile au fond d'un trou». Ma mission n'est pas terminée. Elle ne fait que commencer.

PREMIER VOYAGE AUX PHILIPPINES

Un tas d'ordures et des enfants qui y vivent. Après vingt heures d'avion, j'atterris..., et je tombe de haut.

À dix-huit ans, à peine, je débarque en étrangère au milieu de nulle part et c'est le choc. La scène est surréaliste : des enfants grouillent à perte de vue dans des poubelles. L'odeur est irrespirable, la montagne d'ordures fermente et fume. Le bruit est assourdissant : bulldozers, camions, klaxons...

Des enfants sur des détritus, ce sont des images qui marquent. Tous les jours, ils plongent leurs petites mains dans des tas d'immondices. Ils grattent, fouillent et retournent les déchets pour trier ce qui pourra être recyclé ou vendu. Ils ont la lourde mission de gagner quelques sous pour leur famille... quand toutefois ils en ont une.

Je découvre, un peu plus loin, des milliers d'autres petites silhouettes qui arpentent les rues. Ce sont des enfants qui courent d'une voiture à l'autre pour vendre quelques fleurs ou pour mendier. Ils sont nés ici et n'ont pas d'autre choix pour survivre.

Car aux Philippines, un enfant meurt toutes les trois secondes...

Le pays s'est enlisé depuis longtemps dans une crise aux multiples facettes.

Vingt années de dictature, de corruption et presque autant d'une politique économique axée sur l'export (et donc totalement dépendante des fluctuations boursières et des capitaux étrangers) ont plongé les Philippines dans une situation de surendettement désastreuse.

La chute du président Marcos, en 1986, n'a guère changé la situation des plus démunis. La démocratie corrompue qui remplace la dictature fait le jeu des deux cents familles qui se partagent la richesse du pays. Parallèlement, elle appauvrit l'ensemble de la population, qui migre dans les villes et subit inexorablement la loi du plus fort.

Les catastrophes naturelles, fréquentes dans cette région du globe (typhons, tremblements de terre, éruptions volcaniques), et les fléaux écologiques (diminution des ressources en eau potable, déforestation massive, pollutions industrielles et agricoles) sont autant de freins supplémentaires au développement.

Malgré la richesse des ressources naturelles, le pays ne cesse de s'appauvrir. La situation de la population philippine, dans les domaines de la santé, de la sécurité et des droits de l'homme est chaque jour plus alarmante. Les deux tiers vivent en dessous du seuil de pauvreté. Sur les quatre-vingt-neuf millions d'individus que compte le pays, les autorités reconnaissent elles-mêmes que deux millions et demi d'enfants se trouvent dans une situation désespérée... Les jeunes de moins de vingt-cinq ans représentent déjà 75 % de la population.

Malgré les efforts des multiples ONG présentes et de certains élus locaux désireux de changer la donne, la situation économique du pays est désastreuse. Quel avenir peut-il offrir à tous ses enfants ?

J'étais informée de cette situation avant mon arrivée, mais la réalité dépasse en horreur tout ce qu'annonçait la documentation. Le fossé est énorme. La misère me saute à la figure, m'atteint, me blesse. Et pourtant, au-delà de cette détresse, je vois ce qui me paraît l'essentiel : des sourires d'enfants qui, à la fois insouciants, inconscients et innocents, rient aux éclats et me font partager leur soif de vivre... Un curieux paradoxe, dans cette ambiance de violence et d'extrême pauvreté.

Pour seule richesse, les enfants n'ont ici que celle de leur cœur et ils vous la donnent sans compter... Ils n'ont jamais rien connu d'autre que la misère des bidonvilles ou de la rue qu'ils ont transformés en terrains de jeu.

À leur contact, je pense souvent à sœur Emmanuelle, qui a passé la moitié de sa vie auprès des chiffonniers du Caire. Je pense au père Tritz, qui a créé, aux Philippines, la Fondation ERDA (Educational Research Development Assistance) pour venir en aide à ces enfants. Je ne vis pas leur foi, je n'ai pas leur sagesse, mais mon cœur s'ouvre comme le leur face à cette détresse humaine et je sais aussitôt pourquoi ils ont consacré leur vie à l'alléger.

Nous sommes en juillet 1992, et je suis au sommet de la «montagne fumante», les pieds dans la boue. Je ne bouge plus... je viens de prendre en pleine face l'une des plus grandes leçons de la vie.

PREMIÈRES MISSIONS HUMANITAIRES

Cette année-là, j'ai dix-huit ans et je suis étudiante en droit.

Mon père est médecin et ma mère a cessé son activité de chimiste pour nous élever. Un travail à plein temps lorsqu'on a trois filles et surtout quand l'une d'entre elles est caractérielle. Je suis cette enfant indocile qui, très jeune, a des idées et des projets bien arrêtés. Je ne suis pas sûre que ce soit génétique, mais j'ai toujours su ce que je voulais faire de ma vie. Fonctionner par intuition m'a toujours plutôt réussi. Enfin presque, parce qu'à cinq ans, ça surprend forcément les parents !

N'ayant jamais eu l'occasion de voyager, je voulais, à la fin de mon adolescence, découvrir un pays et une culture. Plus que la contemplation des paysages, partir à la rencontre des gens et partager leur vie, leurs coutumes, leur histoire, voilà ce qui me motivait pour partir.

Le déclic se produit le jour où Éric, l'un de mes amis, rentre de mission. Sans le savoir, il va conditionner le reste de ma vie. Je ne l'ai d'ailleurs jamais remercié, j'aurais dû.

« J'étais aux Philippines, c'est un pays extraordinaire, me confie-t-il.

– Les Philippines ? C'est où exactement ? »

Et avant de répondre, il ajoute aussitôt : « J'ai participé à un chantier humanitaire ! »

« Humanitaire »... ce mot que je connais à peine résonne dans ma tête ; à voir comme Éric rayonne depuis son retour, je sais qu'il a vécu là-bas une aventure inoubliable.

Le lendemain, je contacte l'association avec laquelle il est parti (le Comité soutien enfance Philippines) et je me rends dans leurs bureaux. Je me serais plutôt naturellement dirigée vers l'Afrique, mais le destin fait que je me retrouve aux Philippines, à douze mille kilomètres de la France. Plus exactement, je suis envoyée avec huit autres volontaires français à Anao (Aranas, Aklan sur l'île de Panay), en pleine jungle tropicale, pour construire un atelier de tissage de fibres d'ananas...

Juillet 1992, première mission (un mois)

Partie pour un mois, je n'ai aucune expérience dans le bâtiment et encore moins en tissage, mais l'essentiel n'est pas là. Le chantier est avant tout l'occasion d'apporter un moyen de financement à la communauté rurale d'Anao pour pouvoir bâtir son atelier. Et plutôt que d'envoyer de l'argent de façon impersonnelle, nous allons prêter main-forte aux ouvriers locaux pour développer un échange.

Le dépaysement est total et le choc culturel des plus violents. Vivre dans la forêt, partager le quotidien d'une famille et se plier d'emblée aux coutumes locales les plus singulières est une indicible expérience d'immersion totale. Je ne cesse d'observer, d'apprendre.

Les jours se succèdent sans jamais se ressembler, tous aussi intenses. Et puis lorsqu'arrive trop vite le moment de l'inauguration du bâtiment, nous organisons tous une fête où petits et grands, Français et Philippins, chantons main dans la main. Les enfants, les « mamans tisseuses », les pères ouvriers, Francisca, Kune, Gerlie et nous, les volontaires français, nous sommes tous unis pour découvrir et admirer le nouvel atelier. Et malgré la fierté du travail accompli qui nous accompagne tard dans la nuit, vient déjà le temps de quitter la mission et de repartir.

Je prends congé de mes amis le cœur serré, mais je pars heureuse, armée de la certitude et la détermination de revenir un jour.

1993, deuxième mission (deux mois)

L'année qui suit, je poursuis mes études en France, mais j'attends l'été avec impatience pour repartir en mission. J'enchaîne en parallèle quelques « petits boulots » pour pouvoir payer mon billet d'avion.

Et en juillet 1993, je suis de nouveau dans le vol à destination des Philippines. Je pars cette fois avec un autre groupe de volontaires construire une salle de classe pour la petite école publique d'Aranas, à deux pas d'Anao. Je ressens un tel bonheur que j'en viens à croire que je pars rejoindre une seconde famille.

Encore novice dans le secteur humanitaire, je n'ai que deux objectifs : faire de mon mieux et apprendre à respecter les cultures locales. De plus, je n'oublie jamais mes dix-neuf ans et mon inexpérience totale en la matière.

Lors de ce second séjour, je fais la connaissance de Heide, responsable de l'association AMA (Associate Missionary of the Assumption), venue observer le travail des jeunes volontaires français. Elle m'a repérée aussitôt dans le groupe. Est-ce parce que je ne participe jamais aux parties de cartes le soir ? Il est vrai que je préfère aller me balader avec les enfants et découvrir le mode de vie des familles en passant le plus clair de mon temps avec elles lorsque je ne suis pas sur le chantier. Après tout, c'est le but de cette mission. Et je ne suis pas venue aux antipodes pour jouer au tarot ou passer mes soirées à discuter avec des Français.

Heide remarque immédiatement ma capacité d'adaptation en terre étrangère. Elle me voit comme un caméléon qui se fond dans le paysage et observe tout avec de grands yeux étonnés. Je reconnais volontiers que je me sens dans mon élément.

L'association AMA compte une trentaine de volontaires philippins qui se mettent au service des plus démunis pendant un an. Mais Heide souhaite ouvrir les missions aux étrangers et me demande si je veux bien être leur première volontaire expatriée. Sa proposition me surprend dans un premier temps, puis me flatte à l'idée qu'elle ait pensé d'abord à moi. Mais elle m'embarrasse. Je brûle d'envie d'accepter, mais je redoute les conditions et les conséquences d'un éventuel départ de France pour poursuivre une mission longue aux Philippines.

« Heide, ma mission serait de combien de temps ?

– Un an ! » me répond-elle.

Un an, c'est donc suspendre mes études à la fin de

ma licence en droit et quitter ceux que j'aime pour partir au bout du monde.

Ce n'est pas une décision à prendre à la légère. J'aime les défis mais je réfléchis toujours beaucoup avant de les relever. Et même si mon cœur a déjà dit oui, je préfère demander à Heide un peu de temps pour réfléchir.

Après l'inauguration du chantier, toute l'équipe rentre en France et vient alors pour moi le temps du bilan. Ces deux missions consécutives m'ont profondément marquée, c'est incontestable.

Mais il me faut maintenant prendre le temps de ces moments de vérité où l'on se retrouve seule, face à soi-même, et où l'on se dit : « Suis-je faite pour cela ? »

Le « oui » qui y répond est à l'image de celui que l'on prononce lors d'un mariage. C'est un engagement sincère et profond, pour le meilleur et pour le pire... et, certains le disent, pour la vie !

C'est donc en toute connaissance de cause que je rappelle Heide pour lui lancer d'un trait : « C'est oui. »

Les missions que j'enchaîne dans un premier temps vont être bénévoles et les frais que je dois assumer personnellement sont lourds pour une étudiante. Heide a beau me dire que je serai nourrie et logée, je sais que ce n'est pas ce qui coûte le plus cher lorsque l'on vit dans un bidonville. Payer mes billets d'avion, mon assurance et mes vaccins, tout cela fait partie de l'engagement. Alors les petits boulots étudiants se succèdent. Je me transforme successivement en vendangeuse, en guichetière à la banque, en vendeuse, baby-sitter, je distribue des journaux gratuits, j'en viens même à accepter un poste de responsable du rayon «slip homme» d'une grande surface. Mais c'est là aussi que débute réellement la démarche du bénévolat humanitaire.

Comment expliquer tout cela à ma famille et à mes amis ? Mes deux sœurs cadettes, avec qui je m'entends bien, m'observent de près. Même si je suis fière de la voie que j'ai choisie, j'hésite à leur montrer l'exemple.

D'un autre côté, je suis aidée par la difficulté que j'éprouve à leur faire partager ce que j'ai vécu sur le terrain. J'ai beau m'évertuer à leur communiquer les moments de partage, les mots ne sont jamais assez forts pour justifier le choix de mon départ. Quoi qu'il en soit, ma décision est déjà prise...

Ma grand-mère «Mam» est la plus triste. Depuis que je suis petite, nous avons toujours été très proches. De cinq à seize ans, j'ai pris l'habitude de dormir deux fois par semaine chez elle. Je m'y sens bien, parfois même mieux que chez moi. Il m'est arrivé de renoncer à des vacances au ski avec mes parents et mes sœurs pour le seul bonheur de rester chez elle. Je crois que je suis ce qu'elle a de plus cher au monde et, lorsqu'elle sort son mouchoir à la seule évocation de mon départ, je comprends que ce ne sera pas facile.

Tous me confient leur peur de me laisser migrer dans un pays lointain connu pour son instabilité politique, ses kidnappings, ses catastrophes naturelles et sa prostitution. Il arrive à certains de mes amis les plus proches de m'en vouloir. Cet abandon les perturbe, je le sais, mais je pressens aussi que je les quitte pour mieux leur revenir.

Ma mère l'a compris et ne tente pas de me persuader d'annuler mon voyage. Comme elle le dit avec un humour à peine forcé, j'ai un caractère difficile et asocial qui a tout à gagner à courir le monde. Je suis jeune, j'ai tout à apprendre et je prends surtout conscience de la chance que l'on me donne de pouvoir entreprendre cette mission.

Mon père me prend un soir à part :

– Et tes études ?

– Oui je sais, je les reprendrai plus tard, je ne pars pas pour toujours ; c'est juste pour une année.

Tout en le rassurant maladroitement, je réalise que mon père ne s'est pas posé la question de mon bonheur et de mon équilibre à long terme. J'aurais sans doute aimé...

C'est maman qui nous a inculqué, à mes sœurs et à moi, l'amour des autres, le partage et la générosité. Cela s'apprend dès le plus jeune âge.

Aujourd'hui, on me demande souvent pourquoi j'ai choisi la voie de l'humanitaire. Et ceux qui en savent un peu plus avancent aussitôt l'exemple de mon père médecin, ce qui a le don de m'agacer. Je me suis construite petit à petit, en décidant seule de mes choix de vie et en évitant de tomber dans les pièges dont il a, inconsciemment, parsemé mon chemin. J'ai avancé avec difficulté sur ce terrain miné, avant de parcourir le monde pour grandir définitivement, en me nourrissant à la fois de cultures qui n'étaient pas la mienne et de l'amour des autres.

Je ne suis jamais partie en mission humanitaire pour régler un problème personnel. Ce serait la pire des choses à faire : comment aider les autres si l'on n'est pas en paix avec soi-même ?

Si j'ai choisi la voie de l'humanitaire et du développement, c'est parce que c'est celle qui a eu le plus de sens à mes yeux, tant dans le rapport à l'autre que dans le mode de vie.

Et si je suis arrivée à y grandir, au contact d'une réalité méconnue et des valeurs qu'elle suscite, ce fut toujours en gardant pour viatique la nécessité du professionnalisme et des capacités d'adaptation.

C'est dans ces dispositions d'esprit que je repars pour ma troisième mission bénévole aux Philippines.

1993-1994, troisième mission (un an)

Cette mission pour le compte de l'association philippine AMA va durer un an : quatre mois en bidonville et huit mois dans la jungle tropicale.

À dix-neuf ans, c'est une chance inouïe que d'avoir la possibilité de partir à l'étranger pour une mission à responsabilités. Moi qui ne suis pas croyante, je me retrouve chez les sœurs de l'Assomption et je deviens missionnaire de l'Assomption (Associate Missionary of the Assumption).

Jamais je n'aurais cru qu'un jour je me retrouverais à vingt heures d'avion de chez moi, seule étrangère dans un groupe de trente jeunes Philippins œuvrant pour les autres et animés par la foi.

« Viens, Laurence, nous allons prier », me dit Heide, la responsable des volontaires.

Je participe du mieux que je peux aux prières quotidiennes et aux retraites silencieuses. C'est une véritable aventure, et même un réel défi. J'observe, j'écoute, j'apprends, je suis les règles.

Je commence à me demander pourquoi j'ai accepté cette mission. Je ne pensais pas que la religion tiendrait une aussi grande place dans cette aventure, mais c'était bien mal connaître les Philippines, pays à 85 % catholique. Les Philippins pratiquent leur religion avec assiduité et Dieu est présent dans le cœur de tous. Pas un repas sans bénédicité, pas un dimanche sans messe et pas une mission humanitaire sans vocation religieuse. Comment expliquer que je n'agis pas au nom de la foi ? Je suis très embarrassée, parce que je risque de choquer ou d'être incomprise. Ici, il est inconcevable de ne pas croire en Dieu. On tolère d'autres religions que le catholicisme et même les sectes se multiplient, mais on n'imagine pas ce que peut représenter l'athéisme.

Heureusement, je suis bien accueillie par les sœurs de l'Assomption. Je vis et travaille au cœur du bidonville de Barrio Obrero, à Iloilo, avec cinq volontaires philippins, dont Ellien, vingt ans, 1,47 mètres, 40 kilos, qui sera dorénavant mon garde du corps. Ce sont les sœurs qui lui ont demandé de veiller sur ma sécurité. Ellien est originaire de ce quartier. Elle y est née et s'est battue pour aller à l'école et terminer – brillamment – ses études, grâce au soutien des sœurs de l'Assomption.

« J'ai eu la chance de pouvoir finir mes études, me confie-t-elle, et je veux à présent aider les plus pauvres. »

Je me reconnais dans ses propos, parce que c'est également la raison pour laquelle je suis ici. Mais nos vies n'ont rien de comparable. Je suis née en France... je ne l'oublie pas. Nous devenons amies. Je mesure

30 centimètres de plus qu'elle, mais elle me protège. Les habitants du bidonville la respectent, elle n'a peur de rien. Pourtant, les risques sont réels, bien que je ne les voie pas. Je débarque innocente dans ce bidonville où, pour moi, tous les gens sourient. Mais je ne comprends pas leur dialecte et ignore donc ce qui peut se tramer derrière mon dos. Je ne mesure pas les risques que je prends en vivant dans ce quartier connu pour la délinquance et la drogue. Ellien veille à me les rappeler, pour que je sois constamment sur mes gardes. Ceux qui vivent ici ne sont pas tous des enfants de chœur, loin s'en faut, et certains sont même organisés en gangs de hold-uppers et de dealers.

Je me concentre sur ma mission. Je suis ici pour participer à la mise en place d'un programme d'éducation pour les enfants de ce bidonville. Pendant quatre mois, je vivrai tantôt dans la maison des volontaires philippins, tantôt dans la famille d'Ellien, au cœur même du bidonville. Je suis touchée par la façon dont on m'a accueillie : je ne connaissais personne avant d'arriver et on me souhaite la bienvenue comme si je faisais partie de la famille. Je suis nourrie et logée en échange de mon travail auprès des enfants du bidonville.

Je dors dans une petite chambre guère plus grande qu'un placard où je ne tiens pas complètement allongée et où mon dos repose sur des lattes cassées en bambous. J'ai pour compagnes des blattes qui rampent, volent et ont pris l'habitude de me «chatouiller» en pleine nuit. Les rats traversent ma couche de temps à autre, à la recherche de nourriture. Les araignées poilues qui ne cessent de pondre des œufs squattent chaque coin de la maison. Une énorme truie qui s'apprête à mettre bas et dégage une forte odeur est ma voisine de chambre. C'est l'arche de Noé, façon bidonville ! Mais je finis par m'y habituer...

« Laurence, c'est toi qui seras en charge de la truie, me dit le père d'Ellien. Tu dois bien écouter, parce que, lorsqu'elle sera prête à accoucher, il faudra que tu viennes me chercher... Nous devons l'aider, autrement elle risque de mourir. »

Devant mon air ébahi, il ajoute en riant :

« Tu ne sais pas ce que c'est que d'accoucher de quatorze porcelets, toi ! »

Non, ça je ne sais pas... Mais toutes ces aventures ne me découragent pas ; au contraire, on dirait même que j'y prends goût. Je ne suis pas du genre à perdre mon sang-froid dans ce genre de situations, au contraire, elles me stimulent et me font avancer.

Je vis au cœur de la culture philippine et j'apprends, petit à petit, le dialecte local, l'illonggo, l'un des quatre-vingts dialectes officiels parlés aux Philippines. Pas de livre, pas de dictionnaire, ni de règles de grammaire : ce dialecte oral est parlé par tous, mais aucun ne l'a appris à l'école. Alors, je fais comme les enfants, qui sont mes meilleurs professeurs : j'écoute, je mémorise et je répète. Je confonds certains mots, bien sûr, et fais rire les enfants en me ridiculisant, mais cela fait partie du jeu. Ainsi, lorsque je m'exclame : « Maayong Gaga », qui veut dire « sacrée conne », à la place de « Maayong Aga », qui signifie « bonjour », je suis la risée de tous. Mais j'en ris aussi et je me donne un an pour parler couramment. On retrouve bien quelques mots d'espagnol dans l'illonggo, mais comme je ne connais pas cette langue, cela ne m'aide pas beaucoup. Il est d'ailleurs étonnant qu'après trois cent quarante-quatre ans de colonisation espagnole, ce soit l'anglais qui se soit imposé et non l'espagnol. En seulement cinquante ans, les Américains ont imposé leur langue, leur mode d'éducation scolaire et leur culture.

Je travaille dans l'école du bidonville et je donne quelques cours d'histoire et de géographie sur la France et l'Europe. Je forme également les enfants au dessin et à la peinture. J'observe beaucoup les autres volontaires philippins, car je suis ici aussi pour apprendre.

Ils vivent simplement, avec le strict nécessaire pour manger, se vêtir et dormir. Les journées sont consacrées au travail auprès des enfants et aux éclats de rire, qui me rappellent que je suis bien aux Philippines. Ici, en effet, la violence, les catastrophes naturelles, les épidémies, la mort sont des situations que petits et grands ont l'habitude de gérer, sans jamais se départir de leur sourire. Je ne sais pas si cette attitude relève de la fatalité, de l'inconscience ou, au contraire, si c'est une preuve de grande sagesse, mais je suis impressionnée par leur maîtrise du temps et des événements. Je n'ai jamais été confrontée à un tel comportement et je me sens toute petite par rapport à ces personnes qui savent rire, dès leur plus jeune âge, de situations extrêmes et douloureuses.

Vivre en communauté dans des conditions d'hygiène douteuses, tout partager : sa nourriture (souvent du riz avec du poisson séché ou simplement du sel, lorsqu'il n'y a rien d'autre), sa couchette, sa brosse à dents, ses vêtements, n'est pas inné et les débuts sont un peu difficiles pour moi qui suis plutôt indépendante et ai été habituée à plus de confort.

« Je peux venir travailler avec toi dans ta chambre ? » me demande Ellien.

Ma chambre ? Oui, si on peut appeler ça une chambre... C'est plutôt un réduit dans lequel, avec ma valise, je tiens à peine, alors à deux ! Je prends un air étonné et lui réponds :

« Tu sais, il n'y a pas beaucoup de place !

– Oui, je sais, mais c'est pas grave, je suis petite ! »

Bien sûr, vu sous cet angle, je ne peux pas refuser, mais ma grimace en dit long.

« Ça n'a pas l'air de te faire plaisir ! ajoute Ellien en m'enjambant pour s'asseoir dans l'unique petit coin de la « pièce ».

– Si, excuse-moi... C'est juste que je ne suis pas habituée à vivre dans un espace aussi exigu avec autant de compagnie. Mais ne t'inquiète pas, je vais m'y faire ! »

Je m'adapte, j'apprends à vivre autrement et je retiens les règles de base. Aller chercher de l'eau à la pompe tous les matins pour que chacun puisse prendre sa douche au seau d'eau, cuisiner au charbon à tour de rôle, éteindre les bougies et les lampes à pétrole la nuit pour ne pas risquer qu'elles enflamment tout, ne pas laisser de nourriture dans la chambre si l'on ne tient pas à voir débarquer une armée de fourmis qui avalera votre unique biscuit, ne pas écraser les énormes blattes pour éviter de répandre leurs milliers d'œufs qui se transformeront en l'espace de quelques jours en insectes rampants... ceux-là même qui dévorent sans vergogne toutes mes bretelles de soutien-gorge !

Autant de situations dont on peut rire comme pleurer. La vie en bidonville est épuisante. Le bruit est omniprésent. De simples cartons font le plus souvent office de cloisons entre les « maisons » : on voit tout, on entend tout. Jour et nuit, c'est un capharnaüm auquel on s'habitue plus ou moins. Cela dépend des bruits ! La radio, la télévision des voisins, les chiens, les coqs, les cochons, les rats, mais aussi les rires, les cris, les pleurs, les râles, sans parler des viols ni des meurtres. J'ai tout entendu... j'ai tout vu...

C'est la première fois que je suis confrontée à la mort et à la violence. Les situations d'urgence sont quotidiennes et je sais que si je panique et ne parviens pas à faire face au stress, je ne survivrai pas dans cet environnement hostile.

Nos voisins se disputent presque tous les jours et je ne sais jamais comment cela va se terminer. Un coup de couteau ? Un coup de feu qui risque de transpercer les minces parois de bois qui nous séparent ? Je suis à l'affût. Je ne tiens pas être la victime d'un règlement de comptes qui ne me concerne en rien. Il semble que nos chers voisins aient des problèmes de couple parce que monsieur, comme près de 80 % des hommes philippins, a une maîtresse. Sa femme devient hystérique dès qu'elle commence à l'interroger. La situation s'envenime, jusqu'au jour où madame agit de manière barbare en coupant le sexe de son mari pendant son sommeil. Une manière pour le moins expéditive d'exprimer son mécontentement...

De nombreuses choses me révoltent, mais je ne me sens pas encore le droit de réagir, moi qui suis étrangère et qui ai choisi de vivre ici. Un jour, peut-être, exprimerai-je ce que je ressens, lorsque j'aurai compris le fonctionnement et les règles officielles et officieuses du bidonville. Tout est organisé et pourtant j'ai l'impression de ne rien comprendre. Je m'interdis de juger. J'observe, j'interroge, je commence à comprendre ce qu'il se dit et à participer à la vie quotidienne.

Que dire, par ailleurs, des catastrophes naturelles qui se succèdent aux Philippines ? Typhons, tremblements de terre, raz de marée, éruptions volcaniques, coulées de boue... Difficile de survivre en bidonville ou au sommet de sa montagne d'ordures lorsque les éléments naturels se déchaînent et engloutissent tout sur leur passage. J'ai vu des centaines de personnes mourir ainsi, et j'ai participé, avec d'autres ONG et les autorités locales, aux opérations de secours et recherché des corps enfouis sous les immondices.

Enfin, des incendies criminels sont provoqués par les propriétaires terriens qui souhaitent reprendre leur bien et faire évacuer les squatters. Lorsque le feu se déclare, c'est à celui qui courra le plus vite pour emprunter l'unique ruelle de sortie, avant de griller sur les cartons et les pneus ou d'étouffer, écrasé par des milliers de gens qui courent eux aussi pour ne pas mourir. La vie ne tient qu'à un pont, unique sortie de secours, ou à un plongeon dans l'eau saumâtre qui stagne sous les maisons sur pilotis. Encore faut-il savoir nager et, surtout, ne pas boire la tasse :

étant donné la pollution de l'eau, l'issue serait fatale. Quelle qu'en soit la cause, les incendies sont courants en bidonville. Une bougie qui tombe, un court-circuit, des enfants qui jouent avec des allumettes et c'est le drame. Tout s'envole en fumée... même la vie.

Cette expérience de vie en bidonville est riche d'enseignements : c'est une situation qui permet de relativiser et de se concentrer sur ses besoins primaires. Pas d'artifice, pas de luxe, juste un toit et de quoi manger pour rester en bonne santé et pouvoir travailler.

Quand je ne suis pas dans « ma » famille d'accueil, je dors avec cinq volontaires philippines dans une maison du bidonville. La place y est très réduite aussi, mais je suis accueillie dans le groupe tout aussi chaleureusement que dans la famille d'Ellien.

La cabane s'écroule, la chambre fait 6 mètres carrés et nous sommes six. Nous sommes allongées côte à côte comme des sardines. Je ne peux m'installer ni à plat ventre ni sur le dos : je n'ai pas la taille des Philippines et je prends trop de place ! Alors, j'apprends à dormir sur le côté, coincée entre deux filles... Mais même s'il fait 35 degrés et que l'humidité est très forte, même si mes pieds dépassent de la moustiquaire et se font dévorer par les insectes voraces, même si j'ai des crampes à force d'être immobilisée dans une position inconfortable, je suis heureuse parce que je suis là où je voulais être.

« Tu as bien dormi ? » me demande Ellien, qui a remarqué que je n'ai pas fermé l'œil de la nuit.

Je n'ose pas me plaindre, mais je crois que je suis trahie par ma petite mine.

Ici, pas d'isolement possible, pas d'intimité, tout se voit, tout se sait, tout se partage dans la joie et la bonne humeur, malgré la dureté de la vie.

Nous prenons notre douche habillés, les garçons torse nu et en jean et les filles en short et tee-shirt. Elles gardent leur soutien-gorge, de peur que le tee-shirt mouillé ne laisse voir leurs seins par transparence.

Mieux vaut avoir un appareil digestif résistant : les toilettes sont minuscules et très sonores. Quant à l'odeur, elle n'est pas plus engageante. Et pas question de fermer les yeux pour ne pas voir voler les mouches et grouiller les asticots ou autres vers rejetés par des personnes indisposées : entre un tel spectacle et prendre le risque de tomber, le choix est vite fait.

Parfois, il m'arrive de m'éloigner du groupe pour réfléchir ou me concentrer sur une tâche, mais des regards inquiets me rattrapent aussitôt. Les gens pensent que je suis triste et me demandent si j'ai un problème.

« Oh ! Ne vous inquiétez pas, je vais très bien. Je me balade, c'est tout. »

Aux Philippines, s'isoler ou se promener seul n'est pas courant. Hormis le danger que cela peut représenter, la solitude intrigue et le silence inquiète. Curieusement, ceux qui prennent plaisir à être seuls sont considérés comme des dépressifs ou des fous. Les gens vivent en clan ou en famille et il est très rare qu'un individu s'éloigne du groupe : personne n'éprouve le besoin de penser ou d'agir seul. J'ai du mal à m'adapter à ce mode de fonctionnement communautaire du fait que je suis un peu sauvage et très indépendante.

Chaque jour, je découvre des subtilités de cette culture. Comme je suis la seule étrangère, très souvent tous les regards se portent sur moi. Les Philippins ont de nombreux a priori sur les étrangers : selon eux, ils ne se lavent pas, les filles blanches courent après les garçons et ils sont très arrogants. Je dois me détacher au plus vite de cette étiquette en prouvant que ces croyances sont erronées. Le moindre faux pas et mes gestes risquent d'être mal interprétés. Une parole vive, un regard trop dur peuvent être pris comme un manque de respect, voire un affront. Or, en général, un Philippin qui a le sentiment de perdre la face ou d'être déshonoré réagira violemment ou se vengera.

Alors je prends sur moi, car j'ai conscience que je ne dois pas montrer mes faiblesses et mes craintes, mais au contraire m'ouvrir aux autres. Je fais comme mes amis, je vis comme eux, je me lave comme eux (au seau d'eau toute habillée !), je parle le dialecte. Je fais partie du groupe, je ne suis plus une étrangère perdue au milieu de nulle part, je suis membre de la communauté et je suis solidaire.

Je sens bien, à ce moment, que je n'ai pas de compétences particulières à apporter à mon groupe. Les volontaires philippins ont le même âge que moi mais tous ont l'expérience de vie et de partage qui me fait défaut. Je dois faire mes preuves, montrer que ma volonté d'aider est plus forte que tout. Un jour, moi aussi je serai forte et capable de porter secours aux autres.

Pour l'heure, j'observe, je m'adapte, je découvre des enfants attachants en manque d'affection, et c'est bien le moins que je puisse leur offrir pour tenter de rendre leur quotidien plus supportable. Je vais même devenir la marraine de certains d'entre eux.

Onyok

J'ai toujours aimé pêcher. C'est mon grand-père «Pep» qui m'a appris. Quand j'étais petite, j'allais avec lui attraper des tanches, des carpes, des goujons et des poissons-chats dans la mare de notre maison de campagne. J'aimais ces moments-là... empreints de silence et de patience.

Dans le bidonville, ceux qui n'ont rien à manger ont pris l'habitude de pêcher les poissons qui errent dans l'eau noirâtre à la recherche de nourriture. Ici, il n'y a ni égouts, ni fosse septique, ni ramassage de poubelles : tout passe par-dessus bord et tombe dans l'eau qui stagne sous les pilotis. Je pêche là... ça me rappelle des souvenirs. Je ne sais pas si mon grand-père serait fier de me voir à l'autre bout du monde, dans un pays exotique réputé pour ses fonds marins, pêcher des poissons qui mangent de la merde, mais cela me rend heureuse de penser à lui et d'essayer d'attraper le repas du jour juste avec un hameçon et un morceau de mie de pain au bout d'un fil.

Soudain apparaît un jeune garçon sur le toit voisin. Il est très maigre et semble timide. Il aide les ouvriers sur le chantier et travaille dur. Que fait-il là ? Pourquoi n'est-il pas à l'école ? Il a à peine treize ans et devrait donc être en classe. Je m'approche de lui et lui demande gentiment :

« Bonjour, comment tu t'appelles ? »

Le jeune garçon me sourit mais, très vite, il baisse les yeux. Il ne me répond pas.

« Tu habites par ici ? Tu travailles sur ce chantier ? »

Je n'obtiens pas de réponse. Le garçon se cache derrière les énormes sacs qu'il porte sur son dos, comme s'il avait peur.

Je me demande pourquoi il réagit ainsi. Je lui ai juste dit quelques mots et le voilà qui s'enfuit. Peut-être ne comprend-il pas l'anglais ? Ce serait logique puisqu'il ne va pas à l'école. Je n'insiste pas et le laisse à sa dure tâche.

Le lendemain, comme chaque jour, je vais chercher de l'eau à la pompe du bidonville. Au loin, j'aperçois une maigre silhouette qui avance vers moi d'un pas rapide et rythmé... Le corps est mince, mais il balance entre deux énormes bidons d'eau... Je le reconnais, c'est le gamin auquel j'ai parlé la veille. Il porte plus de 30 litres d'eau dans chaque main. Où va-t-il de ce pas pressé ? Il entre dans une maison et en ressort quelques minutes plus tard avec 2 pesos dans la main. Je comprends qu'il est porteur d'eau. Mais d'où vient ce garçon ? Où dort-il ? Je décide d'en savoir plus.

« Ellien, qui est ce garçon ?

– C'est Onyok, me dit-elle. C'est mon cousin. »

Je m'étonne qu'il ne soit pas à l'école et qu'il

travaille déjà aussi dur à son âge. Ellien hausse les épaules :

«Tu sais, Laurence, ici, la vie, c'est comme ça. Quand tu n'as plus personne qui t'aime, il faut te débrouiller pour survivre, sinon tu meurs.»

Ses paroles me bouleversent. Onyok est là parce qu'il était battu par son père et qu'il a fugué. Il ne supportait plus la violence domestique, dont sa mère est également victime. À chaque fois que son père buvait et se mettait en colère, il le frappait et l'enfermait dans un coffre, où il restait dans le noir pendant des heures. La mère, soumise, ne disait rien. Onyok n'avait rien à manger, il était juste bon à travailler... et encore, mal, puisqu'il était trop maigre ! Un bon à rien, en quelque sorte.

Ellien m'explique qu'un jour Onyok a ressenti l'envie de tuer son père. Alors, avant de commettre l'irréparable, il a eu la sagesse de s'enfuir. Il s'est réfugié dans le bidonville de Barrio Obrero et s'est mis à faire des petits boulots pour gagner quelques pesos.

Onyok est un garçon courageux. Tous les matins, il se lève à 4 heures pour aller chercher des *puto* (biscuits de riz) chez le fournisseur et les distribuer dans les *sari-sari* (petites échoppes) du bidonville. À partir de 6 heures, il est porteur d'eau pour plusieurs familles. Ensuite, il rejoint le chantier et travaille avec les ouvriers. Le soir, il dort là où il trouve une petite place, parfois dans la rue, parfois sur les sacs de ciment.

Un jour, j'ai la surprise de le voir se fabriquer des haltères avec une barre d'acier et deux seaux dans lesquels il a coulé du béton. Ce garçon chétif semble prendre conscience de son corps et travaille sa musculature. Il est encore très maigre et cela s'explique : il a dû manquer de tout lorsqu'il était petit, puis les heures passées dans le coffre n'ont pas favorisé son développement.

Je m'approche de lui et tente à nouveau d'engager le dialogue.

« Bonjour ! Tu te souviens de moi ? Tu ne veux toujours pas me dire comment tu t'appelles ? »

Il baisse une nouvelle fois les yeux. Je ne sais pas si je l'impressionne ou si, tout simplement, il ne comprend pas l'anglais. Alors, je lui repose la question dans son dialecte :

« Ano ngalan mo ? »

Son regard s'éclaire :

« Ako si Paquito.

– Bonjour, Paquito ! Moi qui croyais que tu t'appelais Onyok !

– Onyok, c'est mon surnom, c'est comme cela que m'appellent mes amis.

– Et tu as beaucoup d'amis ? »

Onyok baisse de nouveau les yeux et ne répond pas.

« Eh bien, je t'appellerai Onyok alors, si tu veux bien, et comme ça je serai ton amie. »

Il pince ses lèvres et me regarde comme si j'avais dit quelque chose d'absurde. Sans doute n'a-t-il jamais fait l'objet d'une telle attention. Je le sens ému. Je le suis aussi...

Les jours passent et je me sens de plus en plus à l'aise dans ma mission, et en harmonie avec les personnes qui m'entourent. Je parle couramment le dialecte et ne ressens plus la frustration du début. Je peux vivre les événements en direct, qu'ils soient tristes ou gais.

Je ne supporte plus de voir Onyok s'épuiser à la tâche. Je n'ai pas beaucoup d'argent, mais j'en parle à Ellien, et nous décidons de le parrainer toutes les deux pour l'envoyer à l'école. Nous lui demandons son avis, mais il reste silencieux. Ellien s'énerve.

« Alors, Onyok, tu réponds ? ! Tu veux aller à l'école, oui ou non ?

– Tu veux porter des bidons d'eau toute ta vie ou tu veux étudier et avoir un vrai métier un jour ? »

Le haussement de voix d'Ellien l'effraie et il s'enfonce dans un mutisme presque total. Onyok, traumatisé par les excès de violence, est au bord des larmes. Il n'a pas l'habitude que l'on s'occupe de lui, que l'on se soucie de son avenir. Nous lui laisserons donc le temps de la réflexion.

Onyok multiplie les petits boulots. Il décharge maintenant les bateaux au port. Il porte des sacs de ciment et des caisses de poissons toute la nuit et le week-end pour gagner un peu d'argent.

Le soir, il disparaît pour aller se battre. Onyok n'est pas bagarreur, mais il a une passion : la boxe. Il s'entraîne dès qu'il en a le temps et participe à des matchs.

«Je veux être un champion», me confie-t-il un jour.

Un vrai champion... pas comme son père, qui ne tape pas pour gagner mais pour blesser et qui a tout perdu, jusqu'à son unique fils. Grâce à un entraînement régulier et depuis qu'il mange à sa faim, il s'est étoffé et commence même à développer un corps d'athlète.

Un soir, après un match qu'il vient de gagner, il s'approche et me dit :

«Tu sais, Manang (terme respectueux désignant une grande sœur ou une personne plus âgée de sexe féminin), pourquoi je boxe ?

– Parce que tu aimes bien ce sport ?

– Non ! C'est pour être le plus fort. Un jour, je rendrai tous les coups à mon père, jusqu'à ce qu'il meure.»

Je reste sans voix. Je réalise qu'Onyok a accumulé beaucoup de rancœur et qu'il canalise son agressivité à travers la pratique du sport et l'effort dans le travail. Il est en danger. Il pourrait à son tour devenir violent et, comme il s'est mis cette idée en tête, tuer son père. Qu'en serait-il, alors, de l'avenir de ce garçon courageux, victime de son enfance meurtrie ?

Je ne relève pas ses propos et je lui demande :

«Alors, Onyok, est-ce que tu veux aller à l'école ?»

Il me fait signe que oui de la tête et esquisse un timide sourire. Je suis touchée. Il semble être plus sûr de lui. Je lui propose de venir vivre dans la famille d'Ellien, pour que nous l'aidions à rattraper son retard scolaire : quatre ans, ce n'est pas rien ! Chaque soir, ce grand garçon apprend à lire et à écrire. Il passe des heures et des heures plongé dans ses cahiers. Il fait preuve d'une énorme volonté pour se mettre à niveau et saisir la chance qui lui est donnée. C'est très encourageant pour Ellien et moi, qui nous sacrifions un peu pour le nourrir et le loger, mais le plus important est qu'il intégrera bientôt les bancs de l'école.

C'est la rentrée scolaire. Onyok enfile son uniforme tout neuf. Il se regarde dans la glace et sourit.

La tête haute, il me dit :

« Je vais à l'école, Manang Lolo.

– Bonne chance, Onyok. Travaille bien ! Je suis fière de toi ! »

C'est vrai, je suis très fière de mon grand garçon... Quel chemin parcouru depuis le jour où sa frêle silhouette m'apparut sur un toit du bidonville !

Pour la première fois depuis le début de ma mission, je ressens la satisfaction d'avoir pris mes responsabilités et d'avoir agi au mieux pour aider un enfant en détresse. J'ai fait quelque chose d'utile pour Onyok et je perçois toute sa reconnaissance dans son « merci ». Je sais que c'est important pour lui aussi de donner. Il considère sans doute mon aide comme la chance de sa vie, et il a peut-être raison.

Je m'interroge sur tous les autres enfants dans le besoin qui arpentent les rues et ne demandent certainement, eux aussi, qu'à aller à l'école. Que se passe-t-il dans ce pays pour que tant d'enfants se retrouvent dans une telle situation de détresse et de vulnérabilité ?

Démographie galopante, contraception et poids de l'Église

Une des principales causes qui empêchent les Philippines de se développer comme ses voisins est sa démographie galopante : quatre-vingt-neuf millions d'habitants pour un pays grand comme l'Italie ; dix-huit millions à Manille. Si les autorités nationales ne réagissent pas rapidement, la catastrophe sera inévitable. D'ailleurs, près de huit millions de Philippins l'ont compris, qui se sont expatriés et envoient des devises étrangères au pays. Mais quel avenir pour ceux qui restent et ceux qui naissent ?

L'Église, très présente aux Philippines, interdit le contrôle de la natalité. Les familles comptent une moyenne de huit enfants à la campagne et six en ville. Les enfants naissent, mais les parents n'ont pas d'argent pour les nourrir ni les envoyer à l'école. Il n'y a pas de travail pour leur assurer un avenir heureux et, parfois, leur nombre les prive même d'amour. Le plus souvent, c'est à eux de travailler et d'aider la famille. Après tout, ils sont nés pour cela !

Les deux tiers des Philippins n'ont pas les moyens d'accéder à la contraception, ni même d'acheter des préservatifs. D'après le *New York Times*, seuls 23 % des hommes sexuellement actifs en ont déjà utilisé et 4 % y ont recours régulièrement. Et lorsque les moyens de contraception sont offerts par les ONG, ils sont rarement utilisés à bon escient : les pilules sont, paraît-il, un excellent engrais pour les orchidées ! Quant aux préservatifs, ils servent de ballons pour les fêtes !

Les stocks de pilules contraceptives et de préservatifs sont importants, mais ils ne sont pas distribués pour d'obscures raisons : manque de fonds, refus de l'Église, réticence des assistantes sociales. D'après l'Unicef, le taux de fertilité des Philippines, avec 3,4 naissances par femme, est l'un des plus élevés du monde. Les pilules sont prescrites à des femmes de plus de trente ans, mais celles-ci, craignant leurs effets secondaires, les prennent rarement. Certaines préfèrent se faire ligaturer les trompes pour ne plus subir de grossesses à répétition qui risquent d'entraîner des complications et parfois leur décès. Toutefois, la plupart du temps, cette opération doit être effectuée à l'insu des hommes, qui n'acceptent pas cette pratique.

Une proposition de loi visant à interdire aux familles d'avoir plus de deux enfants, comparable à la législation chinoise de l'enfant unique, n'a pas vu le jour. Cette loi avait l'entier soutien de l'ONU, et notamment du Fonds pour la population (FNUAP). Les associations pro-vie estiment que leur action a permis cet enterrement. Mais cette victoire n'est pas définitive, car Gloria Macapagal, la présidente des Philippines, est favorable à une loi de contrôle de la population, bien qu'elle se soit engagée, en mars 2006, à opposer son veto à toute loi légalisant l'avortement dans son pays. Rien n'est gagné, donc.

Entre tradition et modernité, les Philippines se développent selon un schéma encore très fragile. Force est de constater que les premières victimes des instabilités politique, économique, sociale et religieuse sont les enfants.

Le travail des humanitaires est, comme on aime à nous le rappeler, « une goutte d'eau » par rapport aux immenses besoins du pays, mais lorsque j'entends Onyok me dire « merci » avec des yeux qui pétillent et rêvent à nouveau, je me dis que cette goutte d'eau a son importance. Et, avec mes petits moyens, je vais poursuivre mon action pour que d'autres enfants aient un meilleur avenir que celui auquel ils sont promis.

Cute

Comme chaque dimanche, je fais ma lessive à l'arrière de la maison, en équilibre sur deux planches, avec le peu d'eau que j'ai pu mettre de côté. La lessive à la main, c'est tout un art ! Ellien m'a montré comment faire, mais je ne maîtrise pas encore cette technique de frottage sur le poignet, car c'est moins facile qu'il n'y paraît.

Tandis que je suis tranquillement en train de laver mon tee-shirt blanc, j'entends une petite voix, en dialecte, dans mon dos :

« C'est pas comme ça qu'on lave ! Tu ne sais pas, je vais te montrer ! »

Une toute petite fille s'approche de moi, s'accroupit et prend fermement mon tee-shirt entre ses mains pour le frotter énergiquement. Le mouvement est précis et efficace, je suis impressionnée... un peu honteuse même ! Ses mains sont si petites en comparaison de mon tee-shirt... En deux temps trois mouvements, le tee-shirt est lavé et essoré. Ma grande taille ne sert qu'à l'étendre plus facilement.

« Comment t'appelles-tu, petite fille ?
– Je m'appelle Cute. »

C'est amusant : le prénom de cette enfant signifie « mignonne ». Un surnom, en quelque sorte... et il lui va si bien !

Ellien m'explique que Cute est sa cousine et qu'elle va rester avec nous un moment parce que ses parents ont de grosses difficultés financières. Toute la famille est à la rue. Cute est l'avant-dernière de douze enfants. Elle a déjà un caractère affirmé et, comme ses frères et sœurs n'ont pas terminé leurs études et sont tombés dans la petite délinquance, c'est sur elle que reposent l'espoir et l'avenir de la famille. Quelle responsabilité pour une petite fille de trois ans !

Je suis ravie que Cute rejoigne notre grande famille et j'imagine déjà la joie d'Onyok d'avoir une petite sœur à la maison.

Je m'occupe personnellement de Cute parce qu'elle a une maladie de peau et, en tant que fille de médecin, j'ai quelques notions de base. J'ai certainement dans ma trousse magique les médicaments dont elle a besoin. Elle a des croûtes sur le cuir chevelu et des pelades à certains endroits. Ses pieds et ses mains sont très abîmés, desséchés, signes évidents que cette petite fille a déjà beaucoup travaillé.

Ma relation avec Cute est quasi maternelle. Je prends soin d'elle et elle veille sur moi. C'est drôle de voir ce petit lutin toujours s'assurer que tout va bien d'un œil bienveillant. Je sais que dans la rue, Cute avait l'habitude de s'occuper de sa petite sœur de deux ans pour décharger sa maman, Lourdes, qui à quarante ans a déjà douze bouches à nourrir. Une tâche épuisante qu'elle assume seule, car le père des enfants est alcoolique, sans travail et souvent absent.

Cute est très mûre et responsable. Elle se débrouille seule pour tout. Elle se lave dans le baquet d'eau, elle fait la vaisselle, la lessive, elle mange de tout, elle dévore même, elle se lève et se couche seule, elle s'habille. Je n'ai pas grand-chose à faire pour elle, sinon le plus important : veiller à sa bonne santé et lui donner de l'amour. Cute a été amenée ici par sa maman et elle a parfaitement conscience que c'est pour la protéger. Elle assume la situation comme une grande, parce que du haut de ses quatre-vingt-dix centimètres... c'est une grande !

Cette petite fille ne pleure jamais. Il lui arrive de chuter et de se blesser, mais elle se relève la tête haute et ne bronche pas. Je suis très impressionnée par son calme et sa capacité à se prendre en main pour me déranger le moins possible.

Ce comportement est commun à beaucoup d'enfants des rues, qui ne sont pas habitués à ce que l'on prenne soin d'eux. Ils savent que ça ne sert à rien de pleurer, car de toute façon personne ne viendra les consoler. Cute a sans doute vécu des choses très dures et elle est déjà capable de les supporter.

Il y a déjà trois mois que Cute est avec nous. Nous l'emmenons partout et elle est heureuse de nous suivre dans notre mission à la rencontre d'autres enfants, même si je sens parfois une pointe de jalousie. Elle est fière d'être avec sa «Manang Lolo» – c'est ainsi qu'elle m'appelle.

Un jour, Lourdes vient nous voir à la maison, accompagnée d'une de ses petites filles.

«Bonjour, Laurence. Tu vas repartir en France, alors je veux reprendre ma fille. Je ne veux pas qu'elle aille chez les Blancs !» me dit-elle.

Quelle drôle d'idée lui a traversé l'esprit ! Sans doute a-t-elle entendu des horreurs sur les «Blancs» pédophiles ou trafiquants d'enfants. Je ne lui en veux pas de craindre le pire : les réseaux pédophiles existent et engendrent de terribles drames.

Bien sûr, je n'ai rien à voir avec tout cela et n'ai pas l'intention de rentrer en France avec Cute. De toute façon, je ne partirai d'ici qu'à la fin de ma mission. Je la rassure :

«Manang Lourdes, je n'emmènerai pas Cute en France. Je l'ai soignée, elle est heureuse ici avec nous, mais je n'oublie pas qu'elle est ta fille. Sois sans crainte...»

Cute est contente de revoir sa petite sœur, mais je sens qu'elle est tiraillée entre l'envie de rester avec nous et le devoir de rentrer auprès des siens. Ce petit bout de chou de trois ans fait preuve d'une maturité exceptionnelle en acceptant de nous quitter... comme si elle avait pris conscience qu'il était maintenant de sa responsabilité de s'occuper de sa petite sœur. C'est une nouvelle leçon pour moi...

Ma mission à Iloilo s'achève et je demande à être envoyée à la campagne, non pour prendre l'air et fuir la violence urbaine, mais simplement pour continuer ce que j'avais commencé l'année précédente et retrouver mes amis d'Anao.

Je quitte donc les volontaires, ma famille d'accueil, Ellien et Onyok. Mon garçon pleure, comme si le monde lui tombait sur la tête. Je lui explique le sens de ma démarche et lui promets de revenir. En attendant, il doit aller à l'école et terminer son année scolaire. Ellien veillera sur lui. Je ne le laisse pas seul.

Pour la première fois de ma vie, je me sens responsable d'un enfant. Onyok n'a pas la maturité ni la force de Cute. Il est capable de jouer les caïds et de boxer pour gagner un match, mais il peut aussi pleurer comme un petit enfant qui a perdu sa maman.

Le lien est fort et je ne veux pas qu'il pense que je l'abandonne. J'ai terminé mes quatre mois de mission, je pars le cœur serré, mais je sais déjà que je reviendrai.

Huit mois dans la jungle tropicale : Anao

Anao, en pleine jungle tropicale. C'est là que j'étais venue lors de ma première mission humanitaire aux Philippines.

Après trois heures de route depuis Iloilo, le bus me dépose au bord d'un chemin. Je traverse les rizières et marche pendant trente minutes dans la jungle.

J'arrive enfin au village d'Anao. Je suis accueillie par mes deux amies religieuses, Francisca et Kune :

« Welcome back, Laurence !

Quelle émotion de me retrouver ici... au milieu des marécages et des rizières qui s'étendent à l'infini.

Je respire à pleins poumons, je souris, je suis heureuse.

« Merci ! Je vous avais dit que je reviendrais ! »

Comme toujours, j'ai droit à un accueil souriant et chaleureux. Je suis immédiatement adoptée. Je fais partie de la famille, je le sais.

Je ne suis pas croyante, mais je m'interroge sur une situation qui semble devenir récurrente. À chaque fois que j'entreprends une mission qui marque ma vie, c'est auprès de religieux. Sœur Emmanuelle, le père Tritz, sœur Fidelis, sœur Gertrude, mère Emmanuelle, Francisca et Kune, tous forcent l'admiration et m'ont ouvert leurs cœurs et leur porte au moment où j'en avais besoin. J'y pense souvent et cela me perturbe un peu. Je ne suis pas animée par la foi et pourtant les pensées profondes et pertinentes de ces religieux me parlent. Ils savent écouter et s'adresser à leurs semblables avec une grande sérénité et sans rien attendre en retour.

Me voici plongée au cœur même de la vie rurale philippine. Je vis dans une famille très pauvre et partage le quotidien des parents et des enfants. J'apprends le dialecte, l'aklanon, passage obligé pour s'intégrer. Je travaille dans les champs, plante le riz, m'occupe des vaches, vais à la pêche. Je découvre l'artisanat local et apprends comment faire du papier à base de fibres végétales (banane, ananas, abaca) et comment tisser les fibres d'ananas.

Je n'ai pas le temps de m'ennuyer, les journées sont chargées et je dois terminer mon travail avant la tombée de la nuit. Nous n'avons pas d'électricité et il fait nuit noire à 18 heures. Nous vivons au rythme du soleil : lever à 5 heures du matin et coucher à 19 h 30. En France, je suis une couche-tard et cinq à six heures de sommeil me suffisent, alors je dois m'adapter à mes nouveaux horaires. Curieusement, cela se fait sans difficulté.

Évidemment, sans électricité, pas de téléphone ni de fax (l'e-mail n'existait pas encore à l'époque). Je pense à ma grand-mère qui doit s'inquiéter.

Le soir, je prends ma petite lampe à pétrole et j'écris. Je tiens un journal. Je ne l'avais jamais fait auparavant, mais je vis des moments si intenses que je ne veux pas prendre le risque de les oublier un jour. J'écris aussi à ma famille pour la tranquilliser. Ils recevront probablement ma lettre dans trois mois, mais peu importe, je sais qu'ils l'attendent et qu'ils sauront contenir leur impatience. Les vapeurs de pétrole m'enivrent et m'empêchent souvent de terminer mon courrier. Je pose les derniers mots au lever du jour.

Ma mission consiste à gérer l'atelier de tissage de fibres d'ananas, afin de dégager des bénéfices pour les mères du village. Elles y travaillent toute la journée et utilisent des métiers à tisser confectionnés par l'un des hommes, menuisier. Elles produisent également du papier et du savon à base de plantes médicinales. Cet artisanat local de qualité doit être préservé et valorisé, ce à quoi je m'attelle chaque jour.

Francisca et Kune veillent à ce qu'une vingtaine de mères reçoivent une formation afin d'augmenter leurs revenus mensuels et de les rendre autonomes. Une manière de ne pas favoriser l'assistanat et de les responsabiliser. Ces femmes sont très fières de pouvoir confectionner des produits destinés à la vente. Comme les maigres salaires de leurs maris ne suffisent pas, en général, à nourrir leur nombreuse famille et à envoyer les enfants à l'école, elles tentent tant bien que mal d'assumer le fait d'avoir eu huit enfants en moyenne en travaillant, pour éviter qu'ils ne se retrouvent à planter le riz plutôt que d'étudier en classe.

Pour ma part, j'aide à organiser la production, la gestion des stocks et la distribution des produits à la ville. Un petit commerce équitable se met en place et profite à toute la communauté d'Anao.

Durant huit mois, je vis dans ma famille d'accueil, en l'occurrence celle de Gerlie, quinze ans, avec qui j'avais sympathisé lors de mes deux premières missions. Elle est la seule fille d'une famille de six enfants... une famille unie et exemplaire.

Gerlie, ses parents et ses frères sont adorables. Ils prennent soin de moi, me donnent le peu qu'ils ont avec plaisir. Ces moments de partage et d'échange sont forts et authentiques.

Malgré la pauvreté et la dureté de la vie, les parents de Gerlie assument leur rôle avec courage et fierté. Le père est fermier et travaille dans les champs treize heures par jour, de 5 heures à 18 heures. La mère est cuisinière et aide Francisca et Kune. Elle a pu bénéficier de nombreuses formations et fabrique également du papier, du savon et parfois du tissage. Le fils aîné est bijoutier dans la petite ville voisine de Kalibo et les autres garçons sont encore à l'école. Gerlie travaille pour les religieuses et seconde sa mère, mais elle rêve de faire des études et d'aller à l'université pour prétendre à un véritable emploi.

Ma vie au cœur de la communauté nécessite que je me plie aux us et coutumes locaux, et je mange de tout... ou presque ! Nous faisons les courses au marché une fois par semaine pour acheter de la viande et du poisson, que nous conservons dans une grande caisse remplie de sciure et de glace. Les lundis et mardis, tout va bien : les menus sont simples, mais nous consommons des produits frais. Mais en fin de semaine, en revanche, il faut avoir l'estomac bien accroché pour avaler ce qu'il y a dans son assiette. De nouveau, mes sens sont en éveil... cela me rappelle la montagne fumante de mon premier voyage. La viande a pris une couleur verdâtre et dégage une odeur de cadavre. De plus, elle est recouverte de petits points blancs qui ne cessent de bouger ! Ce sont des asticots ! J'ai l'habitude de les manipuler à la pêche, certes, mais de là à en manger, non, je ne peux vraiment pas. Quant au poisson, il dégage une odeur nauséabonde. Je suis prête à faire beaucoup d'efforts pour m'intégrer, mais là, c'est au-dessus de mes forces. Et je ne veux surtout pas tomber malade, car, outre les complications médicales, je risquerais d'être rapatriée sur-le-champ en France, où là, c'est sûr, je pourrais me régaler d'un bon steak !

À ce stade de mes découvertes culinaires, je pense avoir connu le pire. Pourtant, je ne suis pas au bout de mes surprises. J'ai pris l'habitude de jouer avec les chiens du village, et notamment celui de ma famille d'accueil, un petit bâtard noir et blanc très gentil. Il ne ressemble pas aux autres chiens galeux que l'on rencontre sur le bord des routes. Je les appelle les chiens « roses », à cause de la couleur de leur peau, car ces animaux n'ont plus de poils.

Un jour, alors que je suis en train de jouer avec le petit chien, je vois soudain mon père d'accueil s'approcher et, avant que j'aie eu le temps de réaliser ce qui va se passer, il frappe violemment la tête de l'animal avec un bambou. Le chien hurle à la mort et court dans tous les sens. Je me bouche les oreilles, le bruit est insupportable. Je ne comprends rien à ce qui se passe, c'est l'horreur absolue... Je jouais tranquillement et... voilà le petit chien qui tombe et est à l'agonie. Je croise son regard : il souffre, puis meurt.

Je reste sans voix, lève la tête et regarde « mon père » : comme à son habitude, il arbore un grand sourire et me lance un regard attendrissant. Je ne comprends toujours pas ce qui vient de se passer en l'espace de ces quelques minutes. Je suis désemparée. Mais le pire reste à venir. L'homme ramasse le chien et l'embroche sur un bambou avant d'allumer le feu et de faire rôtir l'animal. La scène et l'odeur sont effroyables. Le chien grille comme un *lechon*, la spécialité culinaire du pays : ce sont des cochons de lait que l'on prépare pour de grandes occasions.

Ma famille d'accueil n'a pas d'argent, donc pas de cochon. Je réalise alors que le chien est un « substitut» – mais qu'y a-t-il d'exceptionnel aujourd'hui ? Nous sommes le 25 novembre et c'est mon anniversaire ! J'ai vingt et un ans et je comprends que le chien grillé au barbecue est mon cadeau ! Mon « père » découpe une cuisse et me l'apporte avec son plus beau sourire. Tous les enfants se rassemblent autour de moi et me chantent *Happy Birthday to you*. Je me retrouve avec, dans la main, la cuisse du chien avec lequel je venais de jouer, et tous les regards sont fixés sur moi. Cette famille a sacrifié son chien pour me faire plaisir et me l'offre en signe de reconnaissance. Je ne peux pas refuser. Je dois manger « mon » chien. L'intégration passe aussi par ces moments terribles d'extrême solitude et de dégoût. Personne ne peut comprendre ce que je ressens à ce moment-là : les gens font la fête en mon honneur et je dois leur montrer que ce cadeau me fait très plaisir. Mes amis philippins ne comprendraient pas que je manifeste autre chose. Alors, la mort dans l'âme, je commence à manger...

À présent, je fais partie de la famille.

Gerlie

Les filles sont généralement plus sérieuses à l'école que les garçons et vont plus loin dans les études. Gerlie a la lourde responsabilité de réussir, pour sortir ses frères et ses parents de la pauvreté. Elle est, certes, très aimée par sa famille, mais il lui reste beaucoup de chemin à faire pour s'acquitter de sa tâche et ne décevoir personne.

Je me demande comment elle va pouvoir assumer ce rôle écrasant, puisqu'elle ne va pas à l'école. Sans argent, comment faire ? C'est la quadrature du cercle. Je ne vois pas de solution à son problème, à moins que je ne l'apporte. Je l'ai déjà fait pour Onyok, je dois pouvoir le faire pour Gerlie.

Je réfléchis. Je ne veux rien promettre si je ne suis pas sûre d'être capable de prendre en charge ce parrainage. Rien n'est plus terrible que de donner de faux espoirs. Je n'oublie pas que je suis moi aussi étudiante, sans ressources et actuellement en mission bénévole. Je fais vite le calcul des coûts de scolarité de Gerlie pour un an : si je fais des petits boulots en France tout au long de l'année, je pourrai couvrir ces frais.

Gerlie est une jeune fille responsable et travailleuse. Francisca et Kune ont remarqué son sérieux et c'est la raison pour laquelle elles lui ont donné un travail au centre. Elle n'arrête pas du matin au soir et prend soin de moi comme si j'étais sa grande sœur.

Tous les matins, à 4 heures, alors qu'il fait encore nuit noire, elle me dit :

« Manang, réveille-toi ! C'est l'heure de sortir les vaches et de nettoyer les étables. Après, il faut que je prépare le petit déjeuner, dépêche-toi, Manang ! »

Posséder un buffle est le rêve de la plupart des fermiers qui vivent ici. Alors nous devons prendre grand soin des quatre vaches et je mesure notre lourde responsabilité. Bien que l'obscurité soit totale, je saute de mon lit pour aller nettoyer les étables.

Nous faisons aussi le ménage du centre de prière, puis nous préparons le repas. J'apprends de nouvelles recettes et maîtrise maintenant parfaitement l'utilisation du charbon de bois. Gerlie continue les tâches ménagères pendant que j'aide les mères dans l'atelier de papier. Je peins des cartes de vœux et des tableaux qui seront vendus à de fidèles clients japonais ; ils reconnaissent la qualité du papier naturel produit à Anao. Nous avons des commandes et je dois chaque jour trouver l'inspiration pour peindre des motifs différents. Mais l'idée de développer le commerce équitable à Anao me motive.

Le soir, je dors au centre ou bien je suis Gerlie pour retourner dans sa famille. Il fait de nouveau nuit noire et nous traversons la jungle en direction de sa maison. Il faut compter une trentaine de minutes. Nous disposons pour seule lumière d'une lampe à pétrole et connaissons le chemin par cœur. Nous traversons les rizières, les fossés en équilibre sur un bambou qui fait office de pont, puis nous nous enfonçons dans la jungle sur des chemins étroits et glissants.

« Regarde, Gerlie, je fais du ski ! Tu vois, pas besoin d'aller en France dans la neige ! Tu peux skier aussi ici. »

Gerlie se prend au jeu et nous glissons comme deux gamines dans les descentes boueuses jusqu'à sa maison. Les animaux que nous croisons sur notre route, grenouilles, geckos, insectes et oiseaux nocturnes me rappellent à chaque instant que je suis au milieu de la jungle. Gerlie me guide... j'ai toute confiance en cette jeune fille que je considère comme ma petite sœur. Je la suis les yeux fermés. Même les nombreux serpents ne lui font pas peur ! Elle les écarte d'un coup de *bolo* (machette locale).

La rentrée scolaire approche. Je décide de parrainer Gerlie. J'entends une petite voix qui s'exclame : « Et moi, alors ? Quand je serai grande, je veux aussi aller à l'école, Manang Lolo ! » Cute me rappelle à l'ordre, inconsciemment. Elle est présente à chaque instant de ma vie. Je pense fort à elle et serai là lorsqu'elle aura besoin de moi, tout comme je le suis pour Onyok et pour Gerlie.

Gerlie va pouvoir s'instruire, aider sa famille et, surtout, préparer son avenir. J'espère qu'un jour elle pourra utiliser sa formation et trouver du travail en ville, à Iloilo ou à Manille. Je suis certaine qu'elle saura se débrouiller. Elle a l'intelligence, le sérieux et la volonté pour réussir. Je l'accompagnerai jusqu'au bout, je le lui promets.

Voilà une deuxième responsabilité que j'endosse volontairement. Cela fait beaucoup en peu de temps, mais je les assumerai parce qu'elles sont porteuses d'espoir pour des enfants et, par là même, leurs familles.

La condition féminine

Tout comme Cute, Gerlie porte sur ses frêles épaules l'espoir d'avenir de la famille tout entière.

Les Philippines sont un pays surprenant. On a l'impression que les femmes le dirigent (deux femmes ont été présidentes : Cory Aquino et Gloria Macapagal) et sont à la tête de nombreux postes à responsabilités, et, paradoxalement elles sont les victimes de multiples maltraitances et d'abus sexuels. Manille est connue dans le monde entier pour être, depuis longtemps déjà, l'un des hauts lieux du commerce sexuel.

Femmes et enfants sont exploités à des degrés divers dans la société ou envoyés vers d'autres pays dits « de destination » pour alimenter le marché de la prostitution. La précarité et la pauvreté dans lesquelles vivent les familles, le manque d'intérêt du gouvernement vis-à-vis du sort de ses citoyens sont les causes principales de ce contexte dramatique. Depuis une dizaine d'années, certes, des lois ont été révisées ou adoptées, sous la pression de la communauté internationale ou l'action sur le terrain de différentes ONG. Mais les dérives d'un pays soumis à une corruption intensive et à la cruauté de certaines de ses lois restent très difficiles à redresser.

Selon un rapport des hôpitaux des grandes villes, 60 % des femmes philippines sont battues. On dénombre 3 000 cas de viols par mois déclarés au commissariat et on estime à 500 000 les femmes alimentant le marché de la prostitution dans le pays.

Le machisme est de rigueur aux Philippines et, comme pour affirmer leur virilité et leur pouvoir, les hommes utilisent la violence comme moyen de domination et de pression.

Face à ce constat, les autorités ont pris des initiatives pour améliorer la condition des femmes, les protéger des multiples discriminations dont elles font l'objet et leur permettre de jouer un rôle plus marqué dans la société. Ainsi, depuis 1998, des bureaux destinés à accueillir les femmes victimes de violences ou d'intimidations sont ouverts dans l'enceinte des commissariats de police. Par ailleurs, l'adoption d'un plan de développement pour l'égalité entre les sexes établi sur une période de trente ans, de 1995 à 2025, montre une volonté du gouvernement de s'engager vers l'édification d'une société plus juste où les droits des femmes seront assurés et protégés. Il a en outre décidé d'affecter au moins 5 % de son budget à des programmes et des projets en faveur des femmes. Les allocations de maternité ont été augmentées pour les salariées et diverses consultations ont eu lieu pour réévaluer le travail non rémunéré et l'exploitation de la main-d'œuvre féminine.

Des milliers de Philippines sont contraintes de quitter leur pays pour assurer la survie de leur famille. Elles forment une masse de travailleuses transférables au gré de la conjoncture économique. Diverses mesures commencent toutefois à être appliquées pour les travailleuses émigrantes : le gouvernement, par exemple, n'autorise pas l'envoi de main-d'œuvre féminine dans les pays où ses droits ne seraient pas protégés. Mais, paradoxalement, ce qu'il exige des pays étrangers n'est pas respecté sur son propre sol : les cas de harcèlement sexuel dans le milieu du travail sont courants aux Philippines.

Le problème de la violence au foyer, quant à lui, est toujours passé sous silence : il ne fait l'objet d'aucune loi spécifique.

Enfin, les Philippines sont extrêmement rétrogrades en matière de droits humains, et en particulier ceux des femmes, puisqu'elles autorisent le trafic de personnes. Aucune loi, en effet, n'interdit cette forme d'exploitation dégradante et traumatisante. Pis encore, les enjeux économiques résultant de la vente de femmes par l'intermédiaire de « mariages par correspondance » contribuent à corrompre davantage encore un pouvoir déjà très complaisant vis-à-vis de ce trafic. Les pays de destination se situent en général en Europe occidentale, en Amérique du Nord et en Australie. En fait, les Philippines constituent le premier maillon de la chaîne du marché de la prostitution où chacun des pays d'origine ou de destination bafoue les droits fondamentaux des femmes.

La gestion ambiguë de ce qui devrait être les droits réels et concrets des femmes, aux Philippines comme en dehors du territoire, montre à quel point les lois adoptées constituent un colmatage pour sauver les apparences plus qu'un programme de fond destiné à réorganiser complètement une société malsaine. Espérons que l'étude engagée pour estimer le coût de la violence perpétrée à l'égard des femmes incite les gouvernements futurs à adopter des mesures plus concrètes et radicales en faveur du respect et de la protection des femmes et de leurs droits fondamentaux.

La fin de ma mission : le bilan

Ma mission à Anao et les rencontres que j'y ai faites avec des personnes d'exception me font beaucoup réfléchir. Parfois, elles me perturbent et ébranlent mes certitudes. Mais elles ne parviendront pas à me décourager puisque, finalement, je ne reviendrai jamais vraiment de ce voyage. L'intégration est longue et semée d'embûches, mais les moments de bonheur et de partage sont si intenses qu'ils font abstraction de tout le reste.

Je sais dorénavant, plus que jamais, que je suis faite pour cette vie de terrain et que le confort m'importe peu. J'apprends sur moi-même et réalise que j'avais besoin d'expériences fortes et choquantes pour avancer. Je ne suis plus l'enfant têtue, ni l'adolescente solitaire et caractérielle que j'étais.

La confrontation avec la souffrance et la pauvreté m'a permis d'aborder l'âge adulte avec beaucoup de maturité et de sérénité. J'ai appris à être patiente et à l'écoute des autres. Aujourd'hui, je sais recevoir tout autant que donner. J'ai l'impression de renaître. J'ai changé d'apparence, je m'adapte à mon environnement. Cette image va me suivre, parce qu'elle me plaît.

Ma mission d'un an est terminée et je dois rentrer en France pour reprendre mes études de droit. Avant de partir aux Philippines, je voulais être commissaire de police et travailler dans la criminelle, mais j'ai raté le concours d'entrée. Heureusement, sinon je n'aurais pas fait ce voyage et ma vie aurait été tout autre. Mais il n'y a pas de hasard : j'aurais aussi aimé être juge pour enfants, et cette expérience me conforte dans l'idée que ma place est bien auprès d'eux. Ils sont l'avenir d'un pays et, pour moi, défendre leurs droits et leurs intérêts a un sens.

Les au-revoir sont difficiles. Je dois quitter « mes familles », mes amis, les enfants, Ellien, Onyok, Cute et Gerlie. Cela me déchire le cœur. Il faut être forte pour quitter ceux qu'on aime, mais je sais que ce n'est pas un adieu... je ne les abandonne pas... je n'oublie pas mes promesses et mes responsabilités de marraine, de mère, de grande sœur, d'amie. Je ne sais plus au juste ce que je suis, mais en tout cas, je ne suis plus une simple étrangère.

Pendant un an, j'ai vécu des moments forts, j'ai vu la profonde misère des Philippins et la façon dont ils s'en sortent la tête haute et avec le sourire. J'ai tant appris à leurs côtés que je ne peux fermer les yeux et chasser de ma mémoire ces bons moments pour rentrer égoïstement chez moi, en France. Une mission comme celle-là vous marque à vie : il m'est impossible de mettre des œillères et de repartir le cœur léger. Tout ne fait que commencer : c'est à partir de maintenant que je peux faire plus et mieux. Je ne suis plus ignorante de la situation locale et des mécanismes qui font de ce pays ce qu'il est.

Je suis heureuse à l'idée de retrouver ma famille, mais je vais quitter les Philippines en ayant l'impression de ne pas en avoir fini avec ce pays. Ma mission était difficile, mais je sais que l'aide apportée était minime. Les besoins sont immenses et il faut se mobiliser davantage, et sur le long terme, pour espérer avoir un impact.

Les associations avec lesquelles j'ai œuvré pendant un an me tendent la perche. Une collègue me dit :

« Maintenant que tu as vu quels étaient nos problèmes, il faut que tu nous aides à sortir les enfants de la rue. On n'a pas d'argent, ici, pour développer nos programmes. On veut tous aider ces gamins, mais avec quoi ? Penses-tu pouvoir trouver de l'argent en France et revenir pour nous aider ? »

Je m'interroge. Je ne sais pas comment je pourrais parvenir à sensibiliser des mécènes pour les rallier à la cause des enfants philippins. Il faut trouver les mots justes pour expliquer et convaincre, et je ne suis pas rodée à ce genre d'exercice. Avant de venir ici, j'étais étudiante en droit et je suis plutôt timide. Je n'ai jamais pris la parole en public ni monté de dossiers de financement.

Je me retourne vers Ellien et lui demande :

« Penses-tu que je sois capable de répondre à vos attentes ? Avez-vous seulement besoin d'argent pour vous développer et combattre l'exploitation des enfants ?

– Oui, Laurence. Ici, sans argent pour démarrer, on ne peut rien faire. Regarde-nous, on est tous là à vouloir aider, mais on ne peut pas réaliser de grandes choses avec nos petits moyens. »

Les paroles d'Ellien me convainquent d'agir. J'ai vraiment envie de me surpasser pour répondre à cet appel, parce qu'il vient des Philippins eux-mêmes. Ils me confient une nouvelle mission et comptent sur moi. Je m'engage de nouveau.

Analyse des besoins

Avant de me lancer dans un projet d'aide à l'enfance, je dois savoir quels sont les besoins prioritaires pour tenter d'y répondre efficacement.

Les articles et reportages de la presse et de la télévision internationales sur la terrible réalité des enfants des rues ne manquent pas. Les chiffres parlent d'eux-mêmes : 5 millions d'enfants exploités au travail, 1,5 million d'enfants dans la rue, 60 000 enfants abusés sexuellement et 14 000 enfants en prison.

Je suis confrontée à cette réalité, je la vois et je vis avec elle depuis un an. Force est de constater qu'en trente ans, l'accroissement de la pauvreté et l'exode massif vers les villes ont amplifié ce phénomène de façon dramatique.

Victimes directes d'un développement chaotique, les enfants des rues sont le symptôme d'une crise sociale exacerbée. La rue est un no man's land, une zone qui semble neutre mais où tout peut basculer. Elle devient alors le lieu de tous les dangers, le miroir aux alouettes contre lequel viennent se briser les illusions d'enfants tombés du nid trop tôt, par injustice, malveillance ou abandon.

Initialement lieu de passage pour les promeneurs, la rue se mue en lieu de survie pour ceux qui y échouent et ne parviennent pas à l'investir complètement, condamnés à nomadiser à l'intérieur des limites qu'elle leur fixe. Les villes grossissent et les rues régurgitent le surplus et les plus faibles... les enfants.

La rue est un véritable enfer, une porte grande ouverte à la prostitution, à la drogue, où les filles – les enfants les plus vulnérables – sont systématiquement abusées. Elles subissent la loi des plus forts et portent sur leurs petites épaules de lourds passés. Elles errent dans la rue, fuyant le foyer familial où elles sont souvent victimes des pires atrocités : inceste et maltraitances effroyables.

À cet instant précis, je pense à Cute, petite fille innocente qui joue sur les trottoirs, sans toit, ni loi, ni avenir... Je ne veux pas qu'il lui arrive ce que ses petites amies subissent chaque jour. Elles vendent des journaux, cirent des chaussures, lavent les voitures, mendient, volent, se prostituent, reniflent du solvant ou de la colle, et arpentent le bitume dans la pollution et le trafic, parfois quatorze heures par jour, pour gagner quelques pesos. Elles vivent dans un climat de violence, de peur, d'indifférence et de mort, innocentes victimes d'un ignoble marché entretenu par le pouvoir et l'argent de ceux qui se croient au-dessus des lois.

Les facteurs de violence à l'égard des femmes et des enfants sont souvent liés à l'environnement familial, social et culturel. Une situation financière difficile accroît les tensions au sein de la famille, donc les risques d'abus physiques et sexuels, la violence constituant un exutoire aux pressions de l'environnement. Le recrutement des enfants pour la prostitution touche essentiellement les familles les plus pauvres. L'enfant «de trop» est vendu comme une simple marchandise. Il est né pour servir à quelque chose... pour servir sa famille.

Certains enfants croupissent en prison et payent doublement le prix d'avoir été abandonnés, maltraités ou manipulés par leurs propres parents ou un maquereau. Des petites filles de cinq ans sont vendues sur un coin de trottoir, séquestrées dans des bars et perdent en l'espace d'une nuit le seul lien qui les rattachait à leur enfance volée : leur virginité. D'autres encore, traumatisées par les excès d'adultes malveillants et pédophiles, s'enferment dans un mutisme ou une folie irréversibles.

Toutes sont victimes des bas instincts de l'homme qui profite de leur misère et de leur innocence, jusqu'au jour où survient le drame. Doublement victimes, les enfants apprennent, au prix de leur vie physique et spirituelle, jusqu'où l'homme peut aller pour satisfaire ses fantasmes.

Si le phénomène de l'abus sexuel aux Philippines est un problème de développement, cela est dû à la pauvreté des structures gouvernementales, qui n'ont pas de moyens pour agir ou sont corrompues. Les aides apportées à l'enfant abusé sont insuffisantes et cette situation alarmante oblige les ONG à s'impliquer dans ce domaine.

C'est pour lutter contre cette injustice, pour répondre à des sourires en détresse, pour redonner vie à des visages las, pour réparer des corps et des cœurs meurtris, pour briser le silence et l'indifférence que je souhaite aller plus loin dans mon action.

Si les rues de Manille sont depuis longtemps devenues le refuge d'enfants, d'autres villes de province, plus petites, sont encore relativement épargnées par ce mal social. Il est donc urgent d'y créer des actions de prévention, de protection et de réhabilitation.

A Iloilo, les garçons et les filles ramassés dans la rue comme des poubelles sont ensuite «stockés», ensemble, dans le seul centre d'accueil public de la ville : le Lingap Center. Tout le monde sait que ce n'est pas la solution idéale. Des bébés naissent dans ce centre et le manque de moyens limite les actions des assistantes sociales. Le Lingap Center fournit un toit et de la nourriture aux enfants. Les soins et le suivi psychologique sont limités, par manque de moyens financiers. L'infrastructure et les équipements sont vétustes. Le personnel est en sous-effectif et les enfants dans le besoin sont de plus en plus nombreux.

Le besoin est maintenant identifié : mes amis philippins me demandent de construire un centre d'accueil réservé aux filles. Bien qu'elles soient en minorité dans la rue (trois filles pour cinq garçons), lorsqu'elles sont en difficulté, les autorités et les ONG sont démunies : il n'existe pas de centre réservé aux filles. Je vais tenter d'y remédier.

Je repars en France nostalgique et le cœur serré. Je suis triste de me séparer de ceux qui m'ont chaleureusement accueillie dans leur famille durant toute cette année, mais je me sens à présent investie d'une mission et je sais que je reviendrai : je l'ai promis à Onyok, à Cute et à Gerlie, alors je ne peux plus faire marche arrière.

Je me souviens des paroles de Cute lorsque je lui ai fait un gros bisou le jour où sa maman est venue la chercher, de peur que je ne l'emmène au « pays des Blancs » :

« Manang Lolo, tu vas où ?

– Pourquoi tu me demandes ça, Cute ? C'est toi qui pars avec ta maman.

– Non, maman Lourdes dit que tu vas repartir dans ta maison ! Elle est où, ta maison ?

– C'est vrai, ta maman a raison, je vais moi aussi aller voir ma famille. Je fais comme toi, tu vois ! Mais je vais revenir, je te le promets. Je pars juste en voyage parce que ma maison est un peu loin et je te retrouve vite, d'accord ?

– D'accord ! Prends soin de toi, Manang Lolo ! » m'avait répondu ce petit bout de chou qui déjà se souciait de ma sécurité. C'était elle qui me disait de prendre soin de moi, alors qu'elle vivait dans la rue ! Une incroyable maturité et cet instinct protecteur qui semble inné à tous ces enfants du pavé...

Contrairement à la première fois, je ne reviendrai pas dans ce pays seulement parce que j'en ai l'envie : je reviendrai pour répondre à une demande de mes amis philippins. La différence est significative et a beaucoup d'importance à mes yeux. Être capable d'aider au moment précis où l'on a besoin de vous est bien plus utile que de vouloir à tout prix aider celui qui ne vous a rien demandé et que vous insultez par le seul fait de lui tendre la main.

RETOUR EN FRANCE

Je suis rentrée en France. Je suis heureuse de retrouver ma famille et mes amis. Les questions fusent, mais je ne suis pas encore prête pour y répondre. C'est trop tôt, tout est encore si frais, si fort. J'ai besoin de prendre un peu de recul pour être objective et mettre en place mes pensées, mes aspirations et mes actions futures.

Lorsque j'ouvre ma valise, ma mère est prise de nausées : une odeur répugnante se dégage de mes affaires.

« Ah... Mais c'est horrible, qu'est-ce qui pue comme ça ? s'exclame-t-elle, écœurée.

– Euh... je crois que ce sont mes chaussures !

– Jette-moi ça tout de suite ! C'est une véritable infection ! »

J'ai rapporté, en souvenir, les chaussures avec lesquelles je marchais sur la montagne fumante. C'est vrai, elles sentent les poubelles plutôt que la rose, mais avec le temps je m'y étais habituée. Je n'ai pas envie de les jeter, pourtant je n'ai pas le choix : elles sentent trop mauvais !

C'est un choc de me retrouver dans une vie dite «normale» ! Le décalage est grand avec l'endroit d'où je viens et j'ai du mal à trouver mes mots. Il est vrai que depuis un an, je n'ai pas eu l'occasion de parler français. J'ai beaucoup écrit, mais je ne me suis exprimée qu'en anglais, en illonggo ou en aklanon. Alors, forcément, dans ma langue maternelle je m'exprime bizarrement. Je ne m'en rends pas compte, mais je le devine à la tête de mes interlocuteurs qui se demandent quel est ce nouveau langage que je baragouine.

Peu à peu, je m'exprime beaucoup plus clairement et il me semble que mon témoignage intéresse ceux que je rencontre. Je suis intarissable lorsque je parle de mon expérience et montre des photos, jusqu'au jour où je me demande si l'on trouve vraiment la cause que je défends digne d'intérêt ou si l'on me prend pour une originale.

Après tout, peu importe : mon rôle est aussi d'informer les gens sur ce qui se passe à l'autre bout du monde et de les sensibiliser au problème des enfants des rues. C'est la première fois que je parle en public et je mets beaucoup de cœur et d'enthousiasme dans mes propos. Le message doit être fort et positif. Je déteste le misérabilisme et je fais très attention à ne pas bafouer l'honneur et la dignité de mes amis philippins. Ce sera ma ligne de conduite pour les années à venir.

Je suis rentrée en France avec une mission et il ne se passe pas une journée sans que j'y pense. Je me demande comment être le plus efficace et relever le défi. Ce n'est pas en cours de droit que je vais apprendre à monter un dossier de financement ou à gérer un programme. Je dois réorienter mes études pour acquérir la compétence nécessaire et être opérationnelle le plus rapidement possible.

J'ai compris depuis longtemps qu'il ne suffit pas d'avoir un grand cœur pour se lancer dans l'humanitaire. Il faut avant tout se professionnaliser, apporter des compétences réelles et un nouveau savoir-faire. C'est grâce à cette valeur ajoutée que l'aide est optimale. L'humanitaire, c'est avant tout une mise en mouvement... C'est le fait d'aller vers l'autre qui est en situation de détresse. Il faut le soutenir, certes, mais pas question d'aider mal.

Ce sujet de la professionnalisation humanitaire donne à réfléchir. Comment combiner la logique de l'engagement, qui est la raison d'être de la mission humanitaire, avec la nécessaire technicité des acteurs ? La complexité grandissante des missions à mettre en œuvre, la médiatisation des engagements humanitaires, les attentes de la société civile et des bénéficiaires vis-à-vis des ONG font que l'obligation de résultat est amplifiée. Je reste convaincue que, sans pour autant perdre l'essence même de l'engagement, l'expertise est nécessaire comme levier de l'efficacité.

Je reprends donc mes études, mais change d'orientation après ma licence en droit. Je passe un Deug de sociologie et d'ethnologie, puis entre à l'École de commerce et de développement 3A de Lyon pour obtenir un Certificat d'études supérieures internationales en management du développement. Je parviens à combiner mes études avec mon projet professionnel en réalisant tous mes stages aux

Philippines. Je suis une élève sérieuse et appliquée, car mon objectif est d'en terminer au plus vite avec mes cours et de me lancer dans la vie professionnelle.

Tout s'enchaîne très vite : les diplômes, les stages, les petits boulots, mais je ne perds pas de vue ma mission. Je sais précisément ce qu'il me reste à faire et j'avance méthodiquement pour ne pas perdre de temps ni d'énergie. La tâche qui m'attend est tout aussi gigantesque que ma motivation est forte. Un pari fou ? Peut-être... Mais je relève le défi sans hésiter.

DÉPART POUR MANILLE

En 1995, je repars aux Philippines pour effectuer l'un de mes stages. Je choisis de le faire à Manille plutôt que de me rendre à Iloilo, car je ne me sens pas prête pour le grand saut. Je suis encore au stade de la formation et j'ai beaucoup à apprendre.

Gérer sa spontanéité et l'élan qui vous pousse à agir dans l'urgence, et en parallèle la raison qui freine cet élan pour vous assurer de partir sereinement sur de bonnes bases et dans la bonne direction, ne s'improvise pas.

Je travaille au Poste d'expansion économique (PEE) de l'ambassade de France, dans le but d'approfondir ma connaissance du pays d'un point de vue social, économique et politique. Cela m'amène à côtoyer les milieux d'affaires français, philippins et chinois. Je réalise des études sectorielles sur les matériaux de construction et l'outillage à main. Cela me servira plus tard, lorsque la construction du centre d'accueil pour les petites filles verra enfin le jour et que j'en serai le maître d'œuvre.

Je trouve un poste de standardiste pour Ellien à l'ambassade de France à Manille, pour qu'elle m'y rejoigne et que nous puissions préparer ensemble notre projet. C'est également l'occasion pour elle d'apprendre le français, car un jour elle aura affaire à des mécènes français, ceux-là mêmes qui financeront le centre d'accueil. Je souhaite que ce soit elle qui prenne les rênes de l'institution que nous allons créer, parce qu'elle est philippine et que j'estime qu'elle, plus que moi, doit sentir que ce projet lui appartient. C'est vraiment l'idée que je me fais du développement. Je ne tiens surtout pas à devenir indispensable au projet. Par contre, comme il est prévisible que les financements viendront principalement de l'Europe, je préfère anticiper en donnant toutes les chances à Ellien d'apprendre le français. Tout est calculé, préparé. Nous n'avons pas de temps à perdre, parce qu'à Iloilo, des enfants comptent sur nous pour agir vite.

« N'est-ce pas, Cute ? ! »

Nous vivons dans une chambre de 10 mètres carrés située dans un bidonville, tout près du chemin de fer. Le train traverse la capitale et tout le long des rails, les squatters ont édifié des petites maisons avec des morceaux de bois, de tôle, de pneus et de carton. Les gens vivent là... C'est incroyable.

Les rails deviennent le terrain de jeux des enfants, les femmes s'y assoient pour faire la lessive, les hommes y jouent aux cartes. Des petits commerces sont installés un peu partout le long des voies et on y vend des pots de fleurs en pneus et des plantes vertes. C'est un spectacle surréaliste.

Les petites maisons en carton sont pour la plupart équipées de télévision, de radio ou de karaoké. Ceux qui vivent ici sont pauvres mais ils ont le droit de rêver, eux aussi. L'ouverture sur le monde et les paillettes que leur offre la télévision les aident à accepter leur quotidien et, paradoxalement, leur permettent d'espérer pouvoir quitter un jour leur taudis. Ils s'évadent grâce aux films et s'amusent avec les variétés.

Les cabanons sont enserrés dans une forme torturée, telle une grande toile d'araignée avec de nombreux nœuds : ce sont les branchements électriques. Les fils sortent des toits, des fenêtres, se croisent, s'emmêlent et sont alimentés par les câbles de la voie. Des raccords de fortune qui fonctionnent et véhiculent une sève porteuse de magie.

Chacun a pris ses marques et plus personne ne se soucie vraiment du train. Lorsqu'il approche, il klaxonne mais ne ralentit pas : trop dangereux. Si, par malheur, un enfant ou un vieillard ne l'entend pas venir, il est écrasé et meurt sous nos yeux. Les accidents sont fréquents. Il faut avoir le cœur bien accroché pour vivre ici... ou tout simplement ne pas avoir le choix.

Parfois, cependant, il arrive que le conducteur freine brutalement, malgré la quasi-certitude de dérailler. La grosse chenille de ferraille part alors droit dans le bidonville et emporte tout sur son passage, les maisons et les vies éphémères de ceux qui croupissent là, comme en sursis. J'ai vécu ces accidents et j'ai aussi vu ces familles endeuillées qui reconstruisent leur cabanon au même endroit et gardent l'espoir d'une vie meilleure. Avec leur habituel sourire. Je ne sais toujours pas s'il indique la force ou le fatalisme, mais j'apprends...

Tous les matins, Ellien et moi allons travailler à l'ambassade. Et tous les matins, il pleut. C'est la saison des pluies et le quartier est inondé. L'eau entre dans notre chambre et nous devons l'évacuer rapidement, avant que toutes nos affaires flottent sur cette masse noirâtre. Malgré l'humidité et l'agitation qui perturbent nos nuits, nous nous livrons chaque matin au même rituel pour arriver à l'heure, et présentables, au bureau.

C'est un exercice périlleux : nous relevons nos robes jusqu'à la taille, mettons nos tongs aux pieds et nos chaussures à talon dans un sac, nous prenons chacune à la main une bouteille d'eau. Ellien monte sur mes épaules, et c'est dans ces moments-là que j'apprécie qu'elle soit si menue : 40 kilos seulement ! Nous sommes alors prêtes à emprunter l'unique rue inondée qui mène à l'ambassade et à parcourir les quelque 200 mètres qui nous en séparent. Quelle expédition ! J'ai de l'eau jusqu'à la taille et je marche tout doucement, de peur de mettre un pied dans une bouche d'égout ouverte, sur un bout de verre ou sur une canette de fer rouillé – mieux vaut éviter de se blesser dans ce nid à bactéries. Je ne vois pas mes pieds, je ne vois plus la rue, seulement l'eau noirâtre partout autour de moi, avec ses odeurs nauséabondes.

Ellien tient les sacs et me guide tant bien que mal. Une fois arrivées sur la terre ferme, elle descend de son perchoir. Je me rince les jambes, pour éviter qu'elles ne me démangent, et nous troquons nos tongs contre nos chaussures à talons. La scène doit être cocasse !

Au bout de la rue, le paysage change brutalement. Pas un morceau de verdure. Seulement des tours de béton, d'acier et de verre. Nous sommes encastrées dans le quartier d'affaires de Makati. Nous levons les yeux au ciel à la recherche d'un peu d'air et de bleu, oubliant l'espace d'une seconde que nous sommes prisonnières d'un épais nuage de pollution qui décolore notre environnement en noir et blanc.

Nos regards se croisent et nous faisons grise mine. Serions-nous en train de nous adapter à cet environnement hostile afin d'y survivre pendant quelques mois ? Nous sommes prêtes à entrer dans un autre monde, celui des affaires et du luxe. Le choc est rude. Il y a encore quelques minutes nous pataugions dans la fange, et à présent nous sommes dans un ascenseur qui nous élève jusqu'au 34e étage d'une gigantesque tour de verre. Un petit arrêt aux toilettes pour une retouche maquillage et nous voilà opérationnelles. Nous sommes en retard de cinq minutes.

« Vous êtes en retard, mesdemoiselles ! » nous fait remarquer le chef du PEE.

Je lui réponds, un peu agacée mais polie : « Excusez-nous, monsieur, ça ne se reproduira pas. »

Il est parfaitement inutile d'expliquer notre quotidien : ici, les gens arrivent dans des voitures aux vitres teintées avec chauffeur, ils ne comprendraient pas.

Je tolère que des expatriés qui sont ici depuis peu et ont d'autres priorités que l'action humanitaire vivent de cette façon. En revanche, je trouve inacceptable que des Philippins riches se retranchent dans des villages qui leur sont réservés et exploitent les pauvres, chez eux comme dans l'entreprise, en toute impunité. Ce qui ne les empêche pas d'aller à l'église (de riches !) le dimanche pour prier et entendre parler d'aimer son prochain.

Le fossé entre pauvres et riches ne peut qu'évoquer une forme d'apartheid. Les villages de riches sont sécurisés par des gardiens armés de fusils à pompe et entourés de murs hauts de 8 mètres surmontés de fils barbelés et de morceaux de verre. Gare à celui qui prendra le risque de les escalader ! Personne ne peut pénétrer dans ces quartiers sans montrer patte blanche : carte d'identité, voiture propre, boîte à gants et coffre ouverts pour vérifier l'absence d'arme et/ou de bombe, nom de la personne chez qui l'on se rend.

À quelques mètres de ces résidences aseptisées, des petits enfants errent le ventre creux à la recherche de quelques pesos, avant de retourner dans les bidonvilles, sur le flanc des décharges publiques.

Un tel contraste ne peut manquer de provoquer des situations explosives. Mais ici, on se heurte à une troisième contradiction : la foi dans le rêve américain et la force du mouvement contraire.

Lorsqu'on arpente les rues de Manille, on a parfois l'impression d'être aux États-Unis. Partout, on peut voir des McDonald, des panneaux publicitaires géants pour Colgate ou Levi's, des chaînes de magasins ultramodernes, des usines Nestlé et Nokia flambant neuves, des cafés chics avec des serveuses habillées à la dernière mode, de gros 4x4 rutilants. Le rêve américain est omniprésent et nombreux sont les Philippins qui aspirent à s'asseoir à la table des riches. La profusion des biens de consommation pétrit inexorablement les consciences et forge les besoins de l'humanité.

En guise de réponse à ce défi, les organisations populaires font un travail de conscientisation politique et culturelle dans les villes et les villages. Le but est d'aider les Philippins à s'organiser et à passer à l'action, car dans la société du rêve américain, il n'y a pas de place pour les plus faibles ni pour la Sécurité sociale. Certains font grève des mois durant pour le droit à la retraite ou pour une augmentation de salaire. L'élaboration d'un contre-pouvoir est un processus lent et les militants locaux font preuve d'un idéalisme enthousiaste, qui va de pair avec une grande générosité sur le terrain. La progression ne peut se faire que pas à pas. Les travailleurs de base philippins sont au moins aussi convaincus de la nécessité de ce combat, mais lorsqu'on les interroge sur leurs attentes concernant l'avenir, ils se contentent de sourire mystérieusement.

Trois mois se sont écoulés et mon stage au PEE de l'ambassade se termine. On me félicite pour la qualité de mon travail et ma bonne connaissance du pays, ce qui me conforte dans mon idée que, malgré ses contradictions qui me révoltent, je m'y intègre bien.

Une mission à la fondation ERDA

Ellien et moi décidons de nous porter volontaires à la fondation ERDA, auprès du père Tritz, un prêtre jésuite qui a aujourd'hui quatre-vingt-treize ans et que j'admire beaucoup. Je l'ai rencontré pour la première fois en France, lors d'une conférence, et j'ai été séduite par son action et son dynamisme. La fondation qu'il a créée en 1974 vient en aide à des milliers d'enfants défavorisés, qu'elle renvoie sur les bancs de l'école.

Le programme SABANA retient particulièrement mon attention, parce qu'il concerne les enfants chiffonniers et ceux qui sont exploités au travail. Il se trouve sur la plus grande décharge publique, la « Montagne fumante », à Tondo, dans la ville de Quezon City, au nord de Manille (depuis, la montagne a été fermée et déplacée à Payatas). Là, dans un petit centre situé au cœur du bidonville, ERDA prend en charge des enfants qui avaient pour seule occupation le tri des poubelles.

Des centaines de familles vivent de la collecte des détritus recyclables au pied de la montagne, véritable tourbe urbaine de 45 mètres de haut qui s'étend sur 20 hectares. Chaque jour, trois cents camions y déchargent 5 000 mètres cubes d'ordures, dans un nuage de poussière noire. Hommes, femmes et enfants fouillent les immondices de l'aube à la tombée de la nuit, à la recherche de matériaux recyclables (plastique, fer, bois et verre). Ces ordures sont, ici, l'unique source de survie.

Avec ses bulldozers, ses excavatrices et ses milliers d'individus courbés en deux, la Montagne fumante ressemble à un vaste chantier. Les enfants s'accrochent aux camions et, agiles et rapides, montent à l'assaut de la benne chargée de détritus, afin d'être les premiers à découvrir le trésor qui leur permettra de survivre. Lorsque la benne se soulève, les plus téméraires d'entre eux restent pendus d'une main à sa partie supérieure, tandis que, de l'autre, ils tiennent leur sac. À peine le contenu de la benne est-il renversé que les « éboueurs », le visage emmitouflé dans un teeshirt, fouillent les immondices avec leur pic et enfournent leurs trouvailles dans leurs sacs. Il faut faire vite, car déjà le sol se met à trembler. Un nouveau bulldozer avance lentement, en klaxonnant, pour aplanir le monceau de déchets qui sera recouvert par une couche de terre.

Le ballet incessant des camions se poursuit, dans une puanteur indescriptible. Souvent, des pans de terrain s'effondrent sous l'explosion de nappes de gaz souterraines dues à la fermentation des ordures et à de fortes pluies. Fatalement, les enfants qui couraient là en sont les premières victimes.

La fondation ERDA tente de mobiliser les pouvoirs publics pour que cette Montagne fumante soit fermée. Elle fait en sorte que les enfants apprennent à lire et à écrire et leur propose de multiples activités ludiques et artistiques. Ellien et moi proposons nos compétences en matière d'art et de théâtre, et nous nous engageons dans une mission de trois mois.

Tous les jours, nous avons deux heures de trajet pour nous rendre à SABANA en tricycle et en jeepneys, le moyen de transport en commun le plus populaire aux Philippines. Il s'agit de jeeps abandonnées par l'armée américaine à l'issue de la Seconde Guerre mondiale, que les Philippins ont modifiées pour permettre le transport de passagers. Ils ont ajouté des toits en métal pour avoir de l'ombre et des ornements de chrome. Les jeepneys sont réputés pour leurs décorations flamboyantes et le nombre impressionnant de passagers qu'ils peuvent transporter. Le gouvernement philippin a réglementé leur usage : les conducteurs ont un permis de conduire spécial et les itinéraires sont fixes, de même que les tarifs.

Nous travaillons avec le personnel local dans le but de développer l'imagination et la créativité des enfants et de monter un petit spectacle. Je fais de la peinture sur tee-shirts, et force est de constater que les adolescents que je forme dépassent rapidement leur maître. La rapidité de compréhension et d'exécution des enfants philippins m'étonnera toujours. Ils sont très inventifs et, lorsqu'il s'agit de réaliser un produit qui sera vendu ou exposé, font preuve de beaucoup de patience et de concentration.

Ce n'est pas le cas, malheureusement, de ceux qui ont trop longtemps respiré de la colle ou du solvant pour se droguer et couper la sensation de faim, ou qui ont été en contact avec le plomb présent en grande quantité dans les déchets. Leur cerveau tourne au ralenti et un jour, ils finissent par mourir. On ne vit pas sur l'un des plus grands marchés de l'ordure de la planète sans souffrir d'infections respiratoires, de désordres intestinaux, de dermatoses, de pneumonies et de tuberculoses qui peuvent être fatals lorsqu'on n'a pas accès aux soins.

Les Philippines occupent le deuxième rang des pays de la région où l'incidence de la tuberculose est la plus élevée. Chaque jour, soixante-quinze Philippins en meurent et 90 % de la population est exposée au bacille. Les conditions d'hygiène plus qu'aléatoires et la dysenterie, très répandue, aboutissent à un taux de mortalité infantile estimé à 45 pour 1 000 et une espérance de vie de soixante-six ans. Des milliers d'enfants meurent de maladies évitables, ou d'ordinaire bénignes, telles que la rougeole, la diarrhée, la malnutrition et les infections respiratoires aiguës.

Le centre est très petit et il y fait une chaleur étouffante. L'odeur des ordures est omniprésente, tout comme les mouches et les moustiques qui trouvent leur bonheur dans les détritus et l'eau stagnante. Régulièrement, des épidémies de dengue se déclarent au sein du bidonville. La forme grave de la maladie, la fièvre hémorragique, tue fréquemment. Deux à trois jours après qu'elle s'est déclarée, l'état du malade s'aggrave brutalement. De multiples hémorragies apparaissent. La dengue peut s'accompagner d'un syndrome de choc et devient souvent mortelle, même avec une prise en charge en milieu spécialisé. Il n'existe ni vaccin, ni traitement préventif ou curatif particulier. La prévention de la maladie repose sur la lutte contre les moustiques et leurs piqûres.

Dans les ordures, se protéger des moustiques relève de la gageure et des dizaines de personnes meurent de la dengue chaque année. Alors, pour éviter que les moustiques ne propagent la maladie, des camions équipés de fumigènes passent régulièrement pour désinfecter les lieux... Y compris notre centre. Et là, pas de quartier : que l'on soit ou non avec des enfants, les gros tuyaux sont dirigés sur nous et crachent une fumée blanche étouffante. Nous nous protégeons le visage avec nos mains, fermons les yeux et coupons notre respiration quelques instants, de peur de subir le même sort que les petits insectes porteurs de mort.

Chaque soir, nous retournons dormir dans notre chambre près du chemin de fer et, avant de fermer les yeux pour trouver un repos bien mérité, nous nous lavons dans notre unique bassine d'eau. Ensuite, rituel obligatoire, nous nous désinfectons à l'alcool à 70 ° !

La pollution est telle, à Manille, que l'air est irrespirable et que la crasse nous colle à la peau.

ERDA fait un travail formidable et les sages paroles du père Tritz me guident. Sa psychologie et son humour me touchent et je m'en inspire. ERDA travaille beaucoup avec les autorités locales et 100 % des salariés sont philippins. Le secret, sans doute, de sa longévité. Même si les financements proviennent en grande partie de l'étranger, l'équipe philippine est fière de la fondation, qui lui appartient.

Je visite d'autres associations présentes à Manille, comme Virlanie, Enfants et développement, ASMAE-Association Sœur Emmanuelle et FAHAN. Je parle avec les responsables et me nourris de leur savoir, de leur connaissance du terrain. Je vais dans la rue avec les équipes, de jour comme de nuit, pour me rendre compte des difficultés qu'elles rencontrent et pour observer la façon dont elles les gèrent.

Ce soir, un drame s'est produit peu de temps avant que j'arrive : le gardien d'un centre d'accueil a été massacré par les enfants, qui l'ont assommé puis frappé à coups de bâton, jusqu'à ce qu'il succombe. On ne connaît pas la raison de ce meurtre. Tout en écoutant le récit de ce tragique événement, j'imagine la scène avec tous ces enfants, petits, certes, mais en grand nombre et surtout sous l'emprise de la drogue, en train de frapper cet homme qui ne faisait que son métier. L'autorité n'est pas toujours acceptée et dans ce pays où, très souvent, ce sont ceux qui détiennent le pouvoir qui abusent, elle est encore moins respectée. Toutes les hypothèses sont possibles. Les enfants voulaient se venger, ou bien ils aspiraient peut-être à la liberté et ont voulu retourner dans la rue : le gardien les a empêchés de sortir et l'a payé de sa vie. La police est sur les lieux.

Comment rester indifférente face à une telle situation ? Le problème des enfants des rues est le plus alarmant des signaux de détresse qu'une communauté humaine en crise puisse émettre. Lorsque l'on est jeune et que l'on a la chance d'être née dans un pays riche, de vivre avec tout le confort possible, d'avoir fait des études, ce constat est insupportable.

Ma mission à ERDA est terminée. Forte de cette nouvelle expérience du terrain et des précieux conseils du père Tritz et de son équipe, je me sens prête maintenant à répondre aux attentes de mes amis philippins d'Iloilo. Je vais enfin pouvoir les aider concrètement.

L'ENVOL

Je rentre en France pour présenter mon projet professionnel à l'école et faire valider mon diplôme. La meilleure note et les félicitations du jury récompensent mon travail et je me sens plus que jamais portée par l'envie de réaliser l'objectif que je me suis fixé.

Ma famille et mes amis m'observent, m'écoutent mais restent dubitatifs. Ils savent que lorsque j'ai une idée en tête, si je la crois bonne, je vais généralement jusqu'au bout. Alors ils n'essayent plus de me retenir ou de me faire changer d'avis. Je suis consciente des dangers que représente cet engagement, mais aussi confiante.

La seule chose qui me préoccupe et qui pourrait me stopper dans mon élan est mon état de santé : lorsque je vivais en bidonville, j'ai attrapé un cytomégalovirus et, depuis, je me sens fatiguée. Je dois être surveillée pour éviter l'atteinte hépatique, qui peut être dangereuse. Le traitement et la convalescence sont longs, mais je suis bien décidée à me débarrasser de ce virus.

Les encouragements de certaines personnes chères à mon cœur m'aident énormément. Mes anciens propriétaires, M. et Mme Pelotte, qui ont veillé sur moi comme si j'étais leur fille lorsque j'étais étudiante en droit, sont à mes côtés, toujours fidèles. Ils croient en moi et cela m'aide à avancer. Je suis encore très jeune et la « bénédiction » de certains adultes que je respecte revêt de l'importance à mes yeux. Toute l'équipe de l'École 3A m'apporte son soutien moral et technique. Mes camarades de classe me poussent à aller de l'avant. J'ai les idées claires et tous les éléments en main, alors je fonce.

Je fais venir Ellien à Lyon, pour qu'elle étudie le français pendant un an à l'Alliance française tout en étant jeune fille au pair. De mon côté, je réalise l'étude de faisabilité de notre projet : la création d'une ferme familiale d'accueil pour les petites filles des rues d'Iloilo. Le montage de ce dossier est, certes, très théorique, mais les idées fusent et j'ai la chance d'avoir Ellien à mes côtés pour les valider. Son regard de Philippine est indispensable pour la réussite du projet.

Je commence à entreprendre des démarches pour rechercher un financement et me rends vite compte que cette mission va être très difficile. Nous avons besoin de 3,5 millions de francs.

Ellien et moi sommes prêtes à nous lancer, mais je ne sais pas si les mécènes, eux, répondront « présents ». Je m'exerce en tentant différents concours et l'essai est concluant : je remporte le prix de la fondation BMW et le prix Défi jeunes. De quoi me motiver encore plus.

Cette fois, c'est le grand départ pour les Philippines. Les heures d'avion me paraissent éternelles, tant je suis impatiente que ce projet qui mûrit depuis deux ans démarre concrètement.

Arrivées à Manille, nous décidons, faute de moyens, de prendre le ferry pour nous rendre à Iloilo : vingt-deux heures de traversée ne nous font pas peur et nous économiserons ainsi quelques pesos. Ce n'est pas la première fois que nous optons pour ce moyen de transport, plus économique que l'avion, mais ce jour-là, nous regrettons notre choix !

Nous dormons sur des couchettes superposées, comme des centaines de passagers, lorsqu'un effrayant bruit d'arme à feu nous réveille soudain. Les gens crient et courent dans tous les sens, affolés, mais je ne comprends pas ce qui se passe. Les stewards, qui avaient repéré que j'étais la seule étrangère à bord, se précipitent vers moi et me prient de les suivre rapidement. Je perçois l'urgence de la situation en voyant près de moi un homme couvert de sang titubant et essayant de s'enfuir. Une balle vient de lui transpercer l'épaule, laissant une plaie béante. Je voudrais l'aider, mais je suis entraînée par les stewards qui veulent me cacher dans une cabine au plus vite, avant que je me fasse tirer dessus. Je les interroge et ils m'expliquent qu'un déséquilibré est monté à bord armé d'un fusil à pompe et tire sur tout ce qui bouge. C'est un repris de justice qui veut tout faire exploser sans revendication particulière.

L'hôtesse me fait entrer dans une cabine, me demande de me glisser sous le lit et de ne pas bouger. Je m'exécute. Ellien me suit et me dit avoir vu plusieurs personnes blessées par les tirs de l'homme. S'ils font d'aussi gros dégâts que le trou laissé par la balle qui vient de traverser la porte de la cabine, la douleur doit être insupportable !

Les gens, pour fuir «le fou», courent à l'avant du bateau, qui «pique du nez» dangereusement. Nous risquons de sombrer. Les marins tentent de rétablir l'équilibre en transférant les marchandises à l'arrière du ferry, mais l'exercice se révèle périlleux. L'homme continue de tirer au hasard. Je l'aperçois à travers l'énorme trou de la porte : les grenades qu'il porte autour de la taille ne laissent rien présager de bon. Il menace de les faire exploser contre la coque à tout moment. C'est un *kamicas.* Je ne sais pas à quelle école il a été formé, mais sa dégaine et ses gestes incontrôlés sont pour le moins inquiétants.

Que faire dans ce genre de situation ? Les réactions de chacun diffèrent en fonction de leur appartenance culturelle. Les Philippins sortent leurs chapelets et prient Dieu pour ne pas mourir. Quant à moi, je me demande comment ne pas me faire dévorer par les requins si le bateau coule. J'essaye de repérer où sont les gilets et les canots de sauvetage. Mon instinct de survie prend le dessus. Je ne suis pas décidée à mourir si jeune, car j'ai encore beaucoup de choses à construire.

La situation empire. L'homme prend en otages sept personnes, qu'il fait mettre à genou devant lui et tient en joue. Les stewards me demandent de ne pas sortir de ma cachette, car s'il me repère, comme je suis la seule étrangère à bord, il risquerait de s'en prendre à moi.

L'équipage décide de tendre un piège au fou furieux, qui réclame à manger. Le médecin de bord met une forte dose de somnifère dans le plat qui lui est servi. Mais l'homme se méfie et lui ordonne de manger avant lui, pour s'assurer que la nourriture n'est pas empoisonnée. Le médecin refuse et l'homme, sentant le stratagème, redouble de colère. Il menace d'abattre les otages. Le docteur se plie alors à ses exigences et tombe dans un profond sommeil.

L'homme, furieux, exige que tous les passagers lui remettent bijoux et argent. Chacun s'exécute, de peur de recevoir une balle en plein cœur : le fou a prouvé qu'il était capable de tirer. Les stewards remplissent un sac du butin et, sous la menace, le lui remettent aussitôt.

L'individu attrape le sac et prend l'un des otages avec lui. C'est une jeune fille, qu'il traîne vers le pont. Âgée d'une vingtaine d'années, elle se débat, apeurée. Sa mère hurle et devient littéralement hystérique. Les passagers tentent de la calmer, tandis que le médecin est toujours inconscient.

L'homme monte dans un canot de sauvetage avec son otage et se retrouve en pleine mer. Le capitaine du ferry, responsable de ses passagers, fait faire demi-tour à son énorme carlingue flottante, pour barrer la route au petit canot. La nuit tombe, cela fait déjà vingt-huit heures que nous sommes en mer, victimes d'une situation qu'on ne voit d'ordinaire qu'au cinéma, un *Titanic* version tropiques. Nous écoutons la radio : les autorités maritimes et côtières sont en alerte. Je sais que mes amis d'Iloilo s'inquiètent car nous aurions dû arriver depuis déjà dix heures. Je pense aussi à ma famille, en France, et espère que la nouvelle ne sera pas annoncée aux informations. Mon « épopée » philippine vient de démarrer et je ne voudrais pas qu'elle s'achève aussi vite, et de cette façon.

Tout le monde est épuisé, le médecin dort toujours et certains blessés sont à l'agonie. Le projecteur à l'avant du bateau éclaire le canot, mais nous ne voyons rien car l'homme a déployé une bâche orange.

Au petit matin, la chaleur est déjà étouffante et l'homme ne la supporte plus. Il réclame de l'eau et menace de faire exploser ses grenades contre la coque du ferry. Je m'attends au pire, mais le capitaine, qui a sans doute vécu de pareilles situations, ne se laisse pas impressionner. Il prend le haut-parleur et s'adresse au pirate amateur :

« Si tu veux boire, rends-toi et libère la passagère. »

La négociation dure quelques minutes qui me paraissent interminables. Finalement, l'homme, voyant que le canot se dégonfle sous l'effet du soleil et qu'il n'a aucune chance de s'en sortir, capitule.

« Jette tes armes à la mer et déshabille-toi ! » lui ordonne le capitaine.

Le fou obéit mais, contre toute attente, il lance également son butin par-dessus bord. Les bijoux coulent à pic et les billets s'éparpillent autour du bateau. Je n'en crois pas mes yeux. Heureusement qu'Ellien est à mes côtés : elle pourra confirmer le récit de cette aventure rocambolesque.

Les marins récupèrent la jeune fille saine et sauve, mais très choquée, et je la vois partir sur une civière. Ils font ensuite monter l'homme à bord, qui disparaît aussitôt dans les cales. Tous les passagers, tels des tigres en cage, veulent se venger et le lyncher. Je me demande s'il arrivera vivant à Iloilo : aux Philippines, les gens n'hésitent pas à faire justice eux-mêmes et la vie ne tient souvent qu'à un fil.

Lorsque nous arrivons à Iloilo, je vois enfin les garde-côtes. Où étaient-ils donc passés ? La prise d'otages a été annoncée à la radio et pendant les trente-deux heures qu'a duré la traversée, personne ne s'est manifesté, sinon les petits bateaux de pêche : ils sont venus récupérer les billets, véritable trésor flottant !

Soulagée, je descends du bateau et me retrouve devant un immense panneau qui, dans mon état de stress, me fait sourire. Il y est inscrit « Bienvenue à Iloilo ».

Ce jour-là, je réalise que mon aventure philippine ne sera pas sans surprises ni rebondissements !

LA CRÉATION DE L'ASSOCIATION CAMÉLÉON

Le temps est venu de donner un nom à notre projet. Ellien et moi créons donc, en septembre 1997, l'association Caméléon et veillons à ce qu'elle soit accréditée par le ministère des Affaires sociales.

Le nom que nous avons choisi est porteur des symboles auxquels nous sommes attachées. Comme l'animal éponyme, nous ne dévions pas de notre direction et avançons lentement mais sûrement. Le caméléon représente la puissance de la transformation, le passage entre le passé et le futur. Les filles que nous accueillerons au centre s'adapteront à leur nouvel environnement en changeant de couleur, en changeant de vie... pour le meilleur. L'association est née pour protéger les enfants et les aider à se reconstruire... à réaliser leur rêve : celui d'avoir un avenir.

Le projet devient réalité après d'immenses efforts pour trouver un terrain, des financements, gagner la confiance des locaux comme des mécènes étrangers. Je suis une fille, je n'ai que vingt-cinq ans, pas de compétences professionnelles précises et personne ne connaît les Philippines : je dois faire preuve de persévérance pour convaincre et motiver les plus réticents.

Si les financements viennent principalement de l'étranger, je tiens à ce que les Philippins participent en offrant le terrain où sera construit le centre. Durant six mois, je vais à la rencontre des maires et des grands propriétaires terriens, avec Ellien, pour leur demander une participation. Ils sont surpris de voir débarquer dans leur bureau une jeune étrangère en possession de plans de construction. Je leur démontre qu'ils doivent donner un terrain, sinon le projet ne pourra pas voir le jour. Comme toujours aux Philippines, les gens me disent « oui », mais je n'ai aucune certitude qu'ils s'exécuteront.

Certains riches propriétaires me proposent des terrains très escarpés et quasi inaccessibles, en haut dans la montagne. Impossible d'imaginer vivre ici avec des enfants.

Je finis par rencontrer Jesry, le jeune maire d'une petite ville : Passi City. Il a mon âge et nous nous comprenons. Lui aussi souhaite faire de son mandat un passage efficace et il est prêt à m'aider.

« Si vous voulez, je vous donne un terrain dans le quartier de Sablogon. Il fait environ 3 000 mètres carrés et est entouré d'une forêt d'acajou. »

Je saute de joie et demande à me rendre aussitôt sur les lieux.

À 3 kilomètres du centre-ville, je découvre un beau terrain au pied de la forêt, entouré de champs de canne à sucre. Il est plat, les sources d'eau abondent et le sol paraît fertile. Toutes les conditions semblent réunies pour faire de cet endroit un havre de paix pour les petites filles. Je serre la main de Jesry... J'ai enfin trouvé «le» terrain qu'il fallait, ici, à Passi, une petite ville qui semble avoir poussé en pleine campagne, à une heure d'Iloilo.

Il ne reste plus qu'à trouver les financements. La tâche est difficile, mais comme j'ai confiance en moi et en mon projet, je n'hésite pas à solliciter tous les mécènes potentiels. C'est M. Rolin, président d'ERDA Belgique, qui ouvrira la première porte. Grâce à lui et au VIC (Vlaams Internationaal Centrum), j'obtiens une subvention du gouvernement belge. En France, c'est l'association de sœur Emmanuelle (ASMAE) qui devient mon premier partenaire. Son président, Trao N'Guyen, vient sur le terrain, rencontre le maire et accepte de nous suivre dans cette aventure. J'arrive à peine à y croire : quelle chance et quel gage de sérieux !

Enfin, j'ai l'impression de sortir d'un conte enchanté. Je ne suis plus seule avec Ellien à croire aux miracles : les gens se regroupent autour de nous et nous aident à consolider les bases de ce projet naissant.

Tout s'enchaîne rapidement : permis de construire, accréditation des services sociaux, licence d'opérer, recherche de fonds, mise en place de partenariats, envoi de volontaires, recrutement de personnel local et, enfin, construction du premier centre d'accueil de Caméléon.

Je me transforme en chef de chantier et dirige soixante ouvriers et six volontaires français envoyés par ASMAE. J'ai maintenant la certitude que mon stage au PEE de l'ambassade de France va me servir concrètement. Les matériaux de construction, l'outillage à main, les coûts, les délais de livraison, les fournisseurs, tout cela n'a plus de secret pour moi. Je maîtrise et j'avance. Le chantier est terminé en cinq mois : un bâtiment de 500 mètres carrés de plain-pied, prêt à accueillir trente fillettes.

Le centre Caméléon est inauguré en août 1998, en présence des autorités locales, du père Tritz, qui est venu spécialement de Manille pour bénir le lieu, et de mes parents qui ont fait le déplacement depuis la France.

Quelle joie et quelle fierté de voir se réaliser un rêve aussi fou ! Je suis partie de rien, sans terrain, sans bâtiment, sans argent, mais avec un cœur emballé et la volonté d'agir contre l'intolérable. Je crois en ma bonne étoile !

Je suis allée au bout de mon rêve, en pensant aux paroles de Saint-Exupéry qui inspirent les plus grands voyageurs et utopistes du globe : « Fais de ta vie un rêve et d'un rêve une réalité ». Mon rêve est accompli et la réalité est là : le centre est construit et nous accueillons les premières petites filles.

Je réalise que ma vie s'apparente à une succession d'aventures, parfois joyeuses, parfois douloureuses, mais toujours très enrichissantes et motivantes pour aller de l'avant, faire sans cesse toujours plus et toujours mieux.

« Bonjour, Manang Lolo ! »

Je me retourne et qui vois-je là ? Ma petite Cute !

« Bonjour, Cute, que fais-tu là ? Comme je suis heureuse de te revoir ! »

Je la prends dans mes bras et interroge Ellien du regard. Elle m'explique que sa mère l'a de nouveau «laissée», la pauvreté ayant eu raison de son amour. Est-ce un acte d'abandon ou au contraire d'amour de la part de maman Lourdes ? La frontière est souvent ténue et on est en droit de se poser la question. Mais pour Cute, heureusement, il n'y a aucun doute : sa maman l'aime, elle le sait.

«C'est maman qui m'a amenée pour te voir. Elle m'a dit que tu étais rentrée de ton voyage, me dit Cute d'un ton enjoué, comme si elle m'avait quittée hier.

– Oui, c'est vrai, Cute, je suis revenue comme je te l'avais promis, tu te souviens ?»

Je regarde autour de moi, mais je ne vois pas maman Lourdes.

«Ta maman n'est pas là, Cute ?

– Non, elle est partie... Elle a beaucoup de travail, tu sais...»

Cute sourit. Il suffit de croiser son regard pour voir que ce petit bout de chou a tout compris de la vie. Elle sait parfaitement que sa mère n'a pas d'autre choix que de se séparer d'elle.

Et comme à son habitude, comme pour ne pas s'éterniser sur le sujet, Cute enchaîne avec des questions pertinentes qui me laissent souvent sans voix.

« Manang Lolo, ta maman à toi, elle va bien ? Pourquoi elle est pas venue avec toi ?

- Parce que, comme maman Lourdes, elle est très occupée et doit prendre soin de mes deux sœurs. »

Je prends Cute par la main. Elle me regarde en levant la tête et m'offre en cadeau de retrouvailles un joli sourire. Elle semble heureuse d'être ici, à Caméléon. Tant mieux, car c'est à présent sa maison.

Je me sens investie d'une nouvelle mission : prendre soin de tous ces enfants qu'on « laisse ». Du haut de son mètre, Cute m'inspire, me guide ; elle est la première bénéficiaire de l'association Caméléon. Elle intègre le centre en octobre 1998, avec six autres filles.

C'est le début d'une nouvelle histoire : celle d'une association née de la volonté de deux jeunes filles que tout séparait et qui a pour mission, face au non-respect de la Convention des droits de l'enfant et à la monstruosité de l'exploitation sexuelle, de combattre l'intolérable : les abus commis sur les enfants.

LA MISSION DE CAMÉLÉON AUPRÈS DES FILLES

Les filles qui sont placées à l'association par les services sociaux ou la police sont, pour 85 % d'entre elles, victimes d'abus sexuels ; principalement d'inceste. Nous devons adapter nos programmes et former les assistantes sociales aux aspects psychiatriques et juridiques, qui prennent une part importante dans la thérapie et la reconstruction des victimes. Nous pensions nous occuper surtout d'enfants des rues et pas forcément d'enfants abusés sexuellement. Or, les besoins sont grands et nous rappellent à l'ordre. Il faut agir vite et de manière professionnelle.

Nous nous engageons donc dans la lutte contre les causes et les conséquences des abus sexuels en portant secours aux petites victimes et en favorisant leur réinsertion dans la société.

Passi City, province d'Iloilo, île de Panay, dans les Visayas

Situé à une heure d'avion de Manille, loin des dangers de la ville et au cœur de la campagne de Passi, le centre d'accueil de Caméléon protège les filles âgées de cinq à dix-huit ans. L'association les soigne, les éduque et les réinsère dans leur famille et dans la société, avec l'objectif qu'elles quittent enfin le cycle infernal de la pauvreté.

Ainsi, nous élargissons notre champ d'action et proposons une aide médicale, sociale et éducative à travers un programme de parrainages scolaires. Il s'agit de mettre en place un réseau d'associations, gouvernementales (OG) ou non (ONG), travaillant avec et pour les enfants, afin de sensibiliser tous les acteurs de la société au phénomène des enfants abusés et de veiller à la bonne application des lois en matière de protection de l'enfance, et notamment des filles.

La petite fille est victime de discrimination dès les premiers jours de sa vie, pendant son enfance et jusqu'à l'âge adulte. Son statut social peu élevé se traduit par un déni de ses besoins et de ses droits fondamentaux, et par des attitudes et des pratiques nocives, comme la préférence donnée aux garçons, des mariages précoces, des abus domestiques, l'inceste, l'exploitation sexuelle, toutes sortes de discriminations et une alimentation restreinte.

Le taux de scolarisation des filles reste cependant légèrement supérieur à celui des garçons. Selon les statistiques de 2006 de l'Unesco, le taux d'alphabétisation aux Philippines est élevé, puisqu'il atteint 93 %. Le taux de scolarisation des filles à l'école primaire est de 95 % (93 % pour les garçons). Pour le lycée, les chiffres indiquent un taux de 67 % pour les filles et de 56 % seulement pour les garçons. De même pour les études supérieures (32 % pour les filles et 25 % pour les garçons). Les garçons abandonnent plus vite l'école, souvent par manque de sérieux et de responsabilité.

Les filles sont plus assidues à l'école que les garçons, et cela malgré la charge de travail qu'elles doivent assumer, au sein de leur foyer comme à l'extérieur.

Le droit des filles à l'éducation est bafoué chaque fois que l'une d'elles est tenue éloignée de l'école ou est trop fatiguée par son travail domestique pour pouvoir prêter attention aux cours. Et sans accès à l'éducation, les fillettes se voient spoliées du savoir et des compétences nécessaires pour améliorer leur statut.

En général, les Philippines sont beaucoup plus responsables que les hommes. Travailleuses et courageuses, elles n'hésitent pas à prendre les choses en main lorsque leur mari est défaillant, malade ou absent. Elles font toutes sortes de petits boulots pour rapporter quelques pesos supplémentaires à la maison et élever leurs enfants.

L'accès à la santé pour les filles est, par ailleurs, injustement limité. En cas de pénurie alimentaire, les fillettes et leurs mères sont souvent les premières à en souffrir. Leur régime alimentaire ne leur apporte plus les calories, les protéines, le sel et le fer nécessaires, ce qui a des conséquences dramatiques pour les femmes enceintes et leurs bébés.

Les adolescentes sont plus exposées au risque de contracter le VIH ou d'autres MST en raison de leur statut social inférieur, qui les contraint à avoir des relations sexuelles sans protection. La contraception n'existant quasiment pas, elles ont recours au planning familial, très peu fiable.

Les filles des rues ont tendance à vivre très tôt de la prostitution. Les parents sont souvent sans emploi, séparés et vivant avec un autre partenaire. Il n'est pas rare que le conjoint brutalise les enfants. En général, ceux-ci s'enfuient pour échapper aux mauvais traitements ou parce qu'il n'est pas satisfait à leurs besoins les plus élémentaires (nourriture, soins, amour). Le recours à la prostitution est un réflexe de survie.

Une «bonne nuit» rapporte à une fille entre 300 et 400 pesos (de 5 à 7 euros) et correspond à deux ou trois clients. Les passes les moins bien payées et les plus nombreuses vont de 20 à 60 pesos (de 30 centimes à 1 euro). Les filles gagnent davantage que les garçons, selon qu'elles sont vierges ou non et, pour les plus âgées, en fonction de leurs «prouesses» sexuelles.

Les conditions désastreuses dans lesquelles les très jeunes prostituées proposent leurs services les exposent aux maladies et aux blessures. Les causes les plus fréquentes sont l'insalubrité, le manque absolu d'hygiène, la prise de drogues, l'alcoolisme, la malnutrition, les coups et blessures infligés entre bandes rivales ou par la police, les souteneurs et les clients sadiques.

Devant ce constat, nous proposons aux filles un environnement leur permettant, en tant que futures citoyennes, de mettre en valeur leurs qualités et de faire reconnaître leurs droits.

Notre centre d'accueil est constitué de deux structures de type familial où les filles se sentent à la fois libres et en sécurité. Elles s'esquissent un avenir avec l'aide des adultes en qui, petit à petit, elles reprennent confiance. Être écoutée, être reconnue, être aimée et compter pour l'autre sont de puissants moteurs d'intégration. Le fait de retrouver une ambiance familiale rend à ces enfants meurtries le goût de vivre et d'espérer une autre existence.

CENT FILLES

L'arrivée des premières filles est un moment fort dans l'histoire de l'association. Elles ne sont que sept et sont si petites qu'il est difficile d'imaginer qu'elles traînent déjà derrière elles un lourd passé. Et pourtant...

Cute, qui n'a que cinq ans, se charge de la visite. Elle emmène « ses copines » dans leur grande chambre et leur explique où elles doivent ranger leurs affaires. Elle connaît bien tous les coins et recoins du centre, car elle m'a suivie partout pendant sa construction.

« Tu vois, dit Cute à Lovely, là, c'est ton placard, où tu peux mettre tes habits, et puis là, c'est ton lit. »

Lovely a cinq ans et un bec-de-lièvre. Cette malformation génétique est courante aux Philippines en raison des nombreux mariages consanguins. Cute s'en aperçoit seulement lorsque la petite fille lui répond timidement « merci » d'une voix si nasillarde qu'elle ne la comprend pas. Elle la regarde un peu surprise mais n'ose pas faire répéter. Elle s'adresse à une autre fillette :

« Ednalyn, celui-ci, c'est ton placard ! »

Ednalyn, sept ans, impressionnée par la petite Cute, lui répond :

« Oui, mais moi, je n'ai pas de vêtements !
– Oh, c'est pas grave, Manang Lolo va t'en donner ! »

Ednalyn prend un air surpris et demande :

« C'est qui, Manang Lolo ?
– Manang Lolo ! Tu ne la connais pas ? C'est la présidente ici et elle est très gentille », répond Cute, étonnée que tout le monde ne me connaisse pas.

Au début, les enfants comme le personnel sont hésitants. Les parents, lorsqu'ils existent, sont méfiants. Ce n'est pas facile pour une mère de placer sa petite fille dans un centre loin de chez elle et de se dire qu'elle ne la reverra que deux ou trois fois dans l'année... parfois pas.

Les parents sont le plus souvent en situation difficile et mettent parfois eux-mêmes directement l'enfant en danger. Notre intervention consiste aussi à reconnaître, favoriser et augmenter les compétences parentales : il s'agit de l'exercice de leurs droits, de leur ressenti personnel en tant que parents, des gestes de la vie quotidienne, par exemple.

Il est délicat aussi pour l'enfant d'être séparée de sa famille, comme si elle était punie pour une faute, alors que c'est précisément elle la victime.

Chacun doit faire ses preuves et si nous faisons tous des efforts dans le meilleur intérêt de l'enfant, tout se passe bien.

Les filles sont les premières à coopérer, elles s'adaptent à leur nouvelle vie, tel le caméléon qui change de couleur en fonction de son environnement.

C'était un risque de mettre des enfants des rues à la campagne, mais le pari est réussi. L'environnement sain de la nature calme les esprits, apaise les angoisses et permet de se reposer. Dans ce centre confortable et fleuri, avec des animaux à câliner et un potager à cultiver, les filles se sentent en sécurité. Elles peuvent enfin se concentrer sur l'essentiel : leur vie d'enfant et l'école. Petit à petit, elles prennent confiance en elles, se reconstruisent et bientôt elles voleront de leurs propres ailes.

Les filles nouvellement admises sont logées dans une chambre à part, afin de permettre une prise en charge appropriée, adaptée à leurs traumatismes encore récents. Une organisation familiale est mise en place dans les centres d'accueil où les filles plus âgées assument des responsabilités de grandes sœurs. Une orientation individuelle et collective fait découvrir aux arrivantes les règles de la maison et le type de soins et de services qu'elles recevront au cours des trois années où elles vivront à Caméléon.

Les filles qui préparent leur réintégration sont formées à des compétences de vie telles que les prévisions budgétaires, la planification des menus et l'encadrement des petites.

Les filles récemment admises s'adaptent facilement à la manière de vivre structurée adoptée dans les centres. Cela se manifeste par de bonnes relations avec les autres filles et le personnel, une grande coopération dans la réalisation des tâches quotidiennes, de la bonne volonté pour coopérer au «processus de réhabilitation», le sens des responsabilités et une utilisation réduite du langage grossier.

Elles font preuve d'initiative dans l'exécution de leurs tâches quotidiennes, avec ou sans l'encadrement du personnel et s'impliquent dans la prise de décision, en particulier dans la planification du processus curatif dans lequel elles s'engagent. Elles expriment leur contentement de vivre dans le centre de Caméléon, se sentent rassurées et peuvent ainsi se concentrer sur leur «être» et leur «devenir».

Le fait de les éloigner des dangers extérieurs est primordial dans le processus de réhabilitation. La majorité des filles souffrent de dépression suite aux maltraitances et abus endurés. Le centre encourage à la pensée positive. Les enfants sont incitées à exprimer leurs sentiments par l'écriture, le dessin et lors de séances de thérapie collective. Différents types d'exercices leur sont proposés, notamment pour les aider à évacuer leur colère, leur révolte ou leur chagrin. Un «mur de liberté» est mis à leur disposition, sur lequel elles peuvent exprimer leurs émotions, positives comme négatives. Il n'y a pas de censure : tout doit sortir pour libérer l'esprit et le cœur, et pour pouvoir aller de l'avant sans l'angoisse que le passé ne resurgisse et sans crainte du futur.

L'équipe se consolide au fil des ans : de trois salariés en 1998, on est passé à dix-huit en 2007. Tous ensemble, nous faisons face aux besoins croissants de l'association, car chaque année les filles sont de plus en plus nombreuses à rejoindre le centre.

«Welcome to the Family», chantent en chœur les petites à l'arrivée de leurs nouvelles amies.

Lalaine, qui vient tout juste d'arriver au centre, partage avec nous ses premières impressions : «J'ai de la chance d'être à Caméléon. Je suis arrivée il y a deux jours seulement, mais je peux sentir la différence avec ma vie d'avant. Je suis bien traitée ici et j'ai envie d'apprendre plein de choses. Caméléon, c'est le début de ma nouvelle vie ! »

La famille s'agrandit. De sept filles au centre en 1998, nous passons à seize, puis à vingt, puis à trente en 2005.

Les filles s'organisent au sein du centre avec des déléguées élues par l'ensemble du groupe. Diverses activités sont planifiées et organisées par les enfants, avec un contrôle minimal du personnel.

Mais malgré une organisation rigoureuse, le centre atteint sa capacité d'accueil maximale. La structure ne suffit plus, je n'ai plus de lits et pas assez de personnel pour prendre en charge les enfants. Je vais être dans l'obligation de construire un second centre pour répondre à la demande.

Le travail de l'association est reconnu par les services sociaux philippins, qui n'hésitent pas à placer chez nous des petites et jeunes filles en danger, et cet afflux d'enfants prouve, hélas, que la situation générale aux Philippines ne s'améliore pas.

Les associations qui œuvrent dans le même secteur que Caméléon sont rares. La prise en charge totale d'un enfant sur plusieurs années est onéreuse et la plupart des associations locales n'ont pas de budget suffisant pour assurer un programme de qualité. Elles préfèrent nous adresser les fillettes, parce qu'elles savent que nous les protégerons. Les services sociaux publics, débordés et manquant d'infrastructures, font de même.

Les filles ont subi des violences dès le plus jeune âge et, même si elles font preuve de courage et d'une force exceptionnelle, elles portent des traumatismes profonds qui resurgissent parfois, souvent lorsque l'on ne s'y attend pas.

Nous avons un chiot au centre, Moca, qui est très joueur. Un jour, je le retrouve à moitié brûlé et couvert de sang. Il hurle à la mort tant il souffre. Cela me rappelle le jour de mon anniversaire dans la jungle... Je chasse ces idées morbides et tente de calmer les douleurs de Moca, mais la brûlure est aux deuxième et troisième degrés et je suis impuissante à le soigner.

Le chiot n'a pas pour habitude de sortir et je comprends que l'accident est arrivé ici, au centre. J'interroge les petites qui, un peu apeurées et hésitantes, finissent par désigner du doigt Monica, quinze ans, en disant qu'elle a jeté une casserole d'eau bouillante sur Moca et qu'elle l'a poignardé à maintes reprises en criant : « Je vais le tuer, ce chien ! » Lorsque j'interroge Monica, elle reconnaît son geste et dit en souriant :

« Je voulais le tuer parce qu'il avait mordu mes tongs. »

Monica est une jeune fille victime d'inceste. Elle a été violée par ses trois cousins plus de trente fois en l'espace d'un an. À l'âge de douze ans, enceinte et ne pouvant plus travailler en tant que domestique, son employeur lui a administré à son insu un poison pour la faire avorter. Elle a perdu son bébé dans les toilettes à six mois de grossesse. Traumatisée, elle a tiré la chasse d'eau pour faire disparaître le bébé et, comme il était trop gros, elle l'a découpé et écrasé. Il a finalement disparu... Monica est en procès depuis cinq ans contre ses violeurs et, bien qu'elle ait fait d'énormes progrès, des images très noires reviennent régulièrement la hanter. Elle est alors prise d'accès de violence.

Le chemin de la reconstruction est long et chaotique. La résilience est l'aboutissement pour certaines, d'autres n'auront pas la force de dépasser la rancœur. C'est à nous de les accompagner là où elles trouveront un équilibre.

Toute la difficulté pour les assistantes sociales est d'identifier les facteurs de résilience pour aider les pensionnaires à reprendre leur développement et sourire à nouveau.

La résilience de l'enfant sera sa capacité à faire face aux traumatismes vécus sans en être affecté dans sa vie d'adulte ou à trouver un moyen de se reconstruire.

Le neuropsychiatre Boris Cyrulnik rappelle l'origine étymologique du mot «résilience», qui vient du latin et signifie «ressauter». Non pas ressauter à la même place, comme si rien ne s'était passé, mais ressauter un peu à côté, pour continuer d'avancer.

Un des indicateurs de la reconstruction se manifeste lorsque l'enfant parvient à exprimer sa douleur, à lui donner un nom, un sens, à la légitimer pour ensuite la circonscrire et isoler le traumatisme. Mais la façon d'exprimer la douleur est complexe et surtout très personnelle. C'est là qu'intervient la psychologue ou l'assistante sociale, en guise de « tuteur de la résilience » : celui qui aide à exprimer son mal de vivre et à redonner un sens à sa vie.

Dans le cas d'une agression sexuelle, en plus de la violence et du traumatisme, il y a destruction de l'intégrité et de la dignité de la personne. Sans parler de l'énorme chape de culpabilité que la famille et la communauté font peser sur l'enfant. Nous sommes là pour aider cette enfant à ne pas sombrer et à transformer son malheur en un élan pour construire l'avenir.

Le passage à Caméléon est un relais, il est transitoire. Les filles bénéficient de conditions favorisant leur intimité, leur intégrité et leur développement. Nous leur garantissons la reconnaissance de leur filiation, celle de leur propre histoire et de leur famille. Elles y ont droit et s'appuieront dessus pour aller de l'avant.

« Happy birthday to you ! »

Ce que les filles apprécient le plus, c'est la célébration de leur anniversaire, car c'est souvent la première fois de leur vie que l'on fête le jour de leur naissance. Certaines n'existaient pas, n'ayant pas d'acte de naissance et donc pas d'identité. Caméléon s'emploie à leur obtenir les documents juridiques qui sont la preuve de leur existence. Elles ont enfin une date de naissance, un nom et un prénom.

Dans une ambiance de fête et de joie véritable, toutes ces fillettes et ces jeunes filles trouvent l'amour et l'attention auxquels elles aspirent, malgré l'absence de leur famille biologique en ce jour précieux pour leur identité.

Au centre, nous avons mis en place de nombreuses activités et des règles pour qu'elles retrouvent un cadre de vie «normal» et sécurisant.

Caméléon met un point d'honneur à redonner aux enfants la part d'insouciance qui leur est due en favorisant, par exemple, l'effort physique et la créativité. Les traumatismes qu'elles ont subis atteint leur vision du corps et des rapports en société. La pratique d'activités sportives a un impact réel sur le travail de reconstruction. Elle permet le réapprentissage du corps, qui est perçu de façon positive et saine, en lui rendant ses capacités d'expression. L'enfant abusée a la possibilité de soigner ses maux elle-même. Le sport la pousse jusqu'à ses limites, l'amenant à combattre son mal-être intérieur avec sa propre énergie. Elle apprend à se connaître, à relever un défi, elle se dépense, évacue ses craintes et ses angoisses.

Les activités sportives servent également d'échappatoire et de catalyseur à l'agressivité accumulée au fil des maltraitances. C'est l'occasion d'apprendre la rigueur, les relations aux autres au travers du sport et des projets collectifs, et donc d'acquérir des compétences qui pourront être utilisées dans une vie professionnelle future. Elles mettent en avant leurs talents et ont le goût de la compétition. Une façon d'être gagnantes... une revanche sur la vie.

Parmi les disciplines sportives et artistiques, nous favorisons la pratique du cirque, car cet art créatif et valorisant participe à l'élaboration d'une image positive de l'enfant. Il renforce le processus de réintégration sociale parce qu'il implique socialisation, expression de soi et thérapie collective.

Caméléon a comme partenaire privilégié le cirque Zanzibar, qui se déplace chaque année aux Philippines afin de former les filles du centre aux différentes pratiques circassiennes. Cet apprentissage leur donne le goût du spectacle et l'envie de mener un projet commun. La scène est un lieu de communication et d'échange d'émotions avec «l'autre». Il est important que les enfants puissent présenter le fruit de leur travail et se confronter à l'appréciation d'un public. L'éducation sportive a pour but de les rendre autonomes et responsables progressivement, leur offrant ainsi un tremplin idéal pour leur insertion sociale.

L'école est également une source de motivation et une ouverture vers le monde. Les filles ont conscience, en allant à l'école, de construire leur propre avenir. Lorsqu'elles ont un bon bulletin scolaire, la coutume veut qu'elles reçoivent un petit cadeau pour les encourager. N'importe quel enfant se réjouirait à l'idée d'avoir un cadeau, mais pour ces enfants, ce n'est pas si simple. C'est un long apprentissage.

Pour les enfants des rues qui ont l'habitude de vivre avec rien depuis qu'ils sont tout petits, le don est parfois irrecevable. Ils estiment, en effet, ne pas avoir droit aux cadeaux et devoir en accepter crée une angoisse. Voler leur paraît plus facile. Placés dans une institution qui leur donne «tout», ils ne peuvent éprouver a priori la reconnaissance que l'on attend d'eux parce qu'ils ne pensent pas « mériter » ces dons. Par contre, c'est quand ils donnent que ces enfants se sentent mieux, grandis, héroïques même. C'est ainsi qu'ils peuvent (re)construire leur estime de soi, se sentir utiles et aimés.

Il y quelques années, Cute faisait partie de ces enfants à qui l'on ne pouvait rien donner, sinon le plus important : de l'amour. En échange, elle veillait sur moi, comme si elle se sentait redevable. Aujourd'hui, elle a changé et redevient une enfant animée par l'innocence et la gaieté. La voilà qui vient me voir pour me faire part de ses bonnes notes.

« Manang Lolo, tu sais, j'ai eu 15 en lecture ! »

Je suis occupée, alors je lui dis :

« Bravo, je suis très fière de toi ! Réfléchis au cadeau qui te ferait plaisir, Cute, et quand tu auras trouvé, viens me le dire, d'accord ? »

Une heure plus tard, Cute entre dans mon bureau et, un peu hésitante, elle me murmure à l'oreille :

« Je voudrais bien un petit paquet de chips ! »

Voilà ce que Cute souhaitait comme cadeau... un simple paquet de chips lui faisait plaisir et, la connaissant, je savais qu'elle le partagerait avec les autres filles.

Un jour passe et, honte à moi, je pars précipitamment pour Manille en oubliant d'acheter les chips. Cute demande alors à l'assistante sociale :

« Tita Ann, est-ce que tu peux vite appeler Manang Lolo sur son portable, s'il te plaît ? »

Surprise par l'urgence de la demande et son caractère confidentiel, Mary Ann demande : « Pourquoi, Cute ? Que se passe-t-il pour que tu veuilles appeler Manang Lolo ?

– Parce qu'elle a oublié de me donner mon cadeau ! » répond Cute d'un air déçu...

C'est difficile de ne pas s'attacher aux filles. Mais je ne suis pas assistante sociale et ma place de présidente m'impose de prendre certaines distances par rapport au quotidien des enfants. Mon rôle n'est pas celui d'une maman de substitution et je dois veiller à ne pas interférer avec le travail du personnel directement en charge des enfants.

Les assistantes sociales s'engagent dans un projet éducatif avec l'enfant. L'accueil permet, par la distance mise entre l'enfant et sa famille, de comprendre, d'élaborer et de renouer les liens qui les unissent et qui ont été malmenés à un moment donné. C'est un travail en continu, qui nécessite réflexion et réajustements. Il doit s'appuyer sur l'exigence de libérer le plus possible l'enfant des situations et relations pathogènes. Le soutien et le maintien du lien avec sa famille (lorsqu'elle existe) se fait dans le souci de lui éviter un vécu de rupture, et de lui permettre de rester dans une continuité malgré la séparation. La gestion des visites des parents fait partie de ce processus.

Quant aux mères de substitution, elles prodiguent à l'enfant accueilli les «premiers soins» que sont le respect, l'attention et la bienveillance, dans une relation qui oscille entre le rapprochement et la distance et n'exclut pas l'attachement ni l'affection.

Chacune des filles exprime son besoin d'affection à sa façon et toutes ont leur manière à elles d'attirer l'attention. Certaines s'isolent, d'autres font beaucoup de bruit, ou se battent, ou font des bêtises, et d'autres choisissent la tendresse. Alors il faut veiller à ne pas tomber dans le piège... Certaines savent très bien vous manipuler pour vous attendrir et obtenir ce qu'elles désirent, ce qui rend les autres jalouses : on pénètre là sur un terrain miné !

Souvent, lorsque je me lève le matin, je trouve sous ma porte un message d'amour avec de jolis mots et plein de petits cœurs. Elles ont dû le déposer en se levant vers 4 h 30, alors que je dormais encore.

Malgré leur passé douloureux, ces enfants sourient et respirent la joie de vivre. Là est leur force. Elles rient aux moindres singeries des volontaires, se jettent dans nos bras pour un bisou quand il est l'heure d'aller se coucher, boudent lorsque l'on joue plus avec l'une qu'avec l'autre, imaginent chaque jour un nouveau défi pour nous impressionner, posent des questions indiscrètes avec une telle innocence qu'on ne peut pas ne pas leur répondre et ont les yeux pleins de larmes quand on leur parle de départ.

Leur passé ? Rien ne permet de le deviner dans leurs yeux : ces enfants vivent enfin. Mais baissez votre regard sur leurs jambes et vous y verrez des brûlures de cigarette, des traces de ceinture, des cicatrices laissées par la lame tranchante des *bolo* (machettes)... Attendez qu'elles se confient et vous entendrez les pires horreurs que les hommes puissent faire subir.

Pourquoi fouetter une enfant jusqu'au sang ? L'enfermer dans un placard pendant dix ans de sa vie ? La violer assidûment ? Lui faire un enfant alors que l'on est son père ? L'abandonner au coin d'une rue ?... Je ne parviens pas à trouver de réponse, mais il faut agir pour que cela cesse et pour être à la hauteur des leçons de courage que les filles nous donnent.

On leur apporte le rêve, l'espoir, l'envie d'aller voir ce qui se passe ailleurs, la tendresse d'un instant, des réponses à leurs questions sur l'amour, une recette pour être heureuse, des histoires de princes charmants et de belles princesses ; on leur assure que le meilleur reste à venir, mais surtout... une présence, un lien.

« Une nouvelle Elvie Rose est née ici, à Caméléon », nous confie Elvie Rose, treize ans.

« Merci à tous ceux qui m'ont aidée à sortir de ma coquille et montré le chemin », dit une autre.

Ces paroles résonnent en moi et me poussent à faire toujours plus. Nous n'avons pas le droit de les abandonner à ce stade, d'autant plus que l'on peut les emmener haut, très haut dans leurs rêves. Ces enfants sont pragmatiques, elles ne rêvent pas de l'impossible, elles veulent juste être protégées, aimées et soutenues pour terminer leurs études. Une façon de renaître au bon endroit, au bon moment.

«Je suis arrivée à Caméléon en mai 1999. J'étais très dépressive et violente, car je me sentais seule et abandonnée. Je n'étais pas désirée par mes parents. Je suis née par accident d'une famille recomposée et ma mère est morte en accouchant. J'ai porté longtemps cette culpabilité. Mais grâce à Caméléon, mes peurs se sont estompées parce que je me suis sentie aimée par le personnel, par les autres filles et par mes parrains français qui m'ont envoyée à l'école.

Alors qu'il y a tant de gens qui n'ont pas cru en moi et ne m'ont jamais encouragée, je suis très reconnaissante envers l'association Caméléon pour ce qu'elle a fait pour moi. Aujourd'hui, j'ai terminé mes quatre années universitaires et j'ai un «certificat en management dans l'hôtellerie et la restauration». Je n'aurais jamais été diplômée sans le soutien de ma famille Caméléon, que je remercie du fond du cœur.» Lynlyn, vingt-trois ans.

Un témoignage comme celui-là est le plus beau remerciement pour l'action que nous avons choisi de mener et justifie à lui seul que l'on se batte sans relâche, pour aider ces jeunes Philippines qui ont connu l'horreur à découvrir que la vie peut aussi être belle.

PORTRAITS CHOISIS

Les cent pensionnaires de Caméléon représentent un hymne à la vie. Elles sont la raison d'être de l'association. Même si toutes sont uniques de par leur histoire et leur personnalité, certaines marquent par leur passage et bouleversent nos idées.

Lovely

Lovely fait partie du premier groupe de filles qui arrivent au centre en 1998. Elle n'a que cinq ans et déjà, son passé est lourd de traumatismes. Sa maman a quatorze ans lorsqu'elle se fait violer. Enceinte, elle accouche d'une « lovely » petite fille qui naît avec une maladie génétique : une fente labio-palatine, encore appelée « bec-de-lièvre », qui entraîne des troubles de la phonation.

Lovely est très attachée à sa maman et fond en larmes lorsqu'elle doit se séparer d'elle. Les enfants victimes de maltraitance se sentent doublement victimes lorsque les services sociaux les séparent de leur famille pour les placer en institution, même si c'est dans un souci de protection. Bien qu'ils ne soient pas responsables des faits, c'est eux que l'on éloigne de leurs mamans, frères et sœurs, comme pour les punir.

Lorsque cela est possible, nous évitons un placement de longue durée pour les petites filles de cinq à sept ans.

Lovely est une enfant battue. Son beau-père rappelle constamment à sa maman qu'elle est une «pute», puisqu'elle n'est plus vierge, et que Lovely est une «bâtarde». Ce n'est pas sa fille et l'enfant, qui n'a pas demandé à venir au monde, en paye les conséquences. Il la secoue et lui tape la tête contre le mur devant la jeune mère qui, impuissante, s'enferme dans son chagrin.

Un matin, pour échapper aux coups, Lovely se sauve et son beau-père, enragé, la poursuit. Comme un petit animal éperdu, elle tente d'échapper par tous les moyens aux mains de son bourreau, qui se rapproche à grande vitesse. La seule issue qui s'offre à elle est un puits. Elle n'hésite pas et saute, comme si elle préférait la mort à la souffrance. La mère se précipite et, dans un cri d'effroi, appelle au secours. Un voisin, témoin de la scène, accourt et parvient à sauver la petite. Il était temps... Quelques secondes de plus et Lovely serait morte noyée.

Lovely connaît la raison pour laquelle elle est au centre : l'environnement familial n'est plus sain, et elle regarde sa maman s'éloigner. Cute est là et lui prend la main : elle a vécu cette séparation, elle aussi, et même si elle n'a que quelques mois de plus que sa nouvelle petite amie, c'est une grande fille qui ne pleure pas.

«T'inquiète pas, tu reverras ta maman, un jour elle reviendra te chercher.»

Lovely éprouve des difficultés pour se nourrir. Cette bouche dont tout le monde se moque, elle ne l'aime pas. D'ailleurs, elle lui fait mal. Ses dents sont toutes cariées et les abcès répétitifs. Cela n'a rien d'étonnant parce qu'elle avale tout ce qui traîne. Tout finit dans sa bouche, y compris ce qu'elle récupère dans les ordures. Une façon de faire comprendre qu'elle n'est pas mieux qu'une poubelle. Pauvre petite fille qui souffre du regard des autres et qui ne s'aime pas parce que, depuis qu'elle est née, personne ne l'aime, à l'exception de sa maman ! Lovely est une enfant angoissée. Elle multiplie les allergies et les crises d'asthme, qui sont de plus en plus violentes. Combien de fois les filles viendront me réveiller en pleine nuit pour me dire de venir vite parce que « Lovely va mourir » !

À l'école, Lovely a de très bons résultats. C'est sa façon d'exister et, peut-être, de se différencier. Elle est intelligente, sans doute même surdouée. À défaut de pouvoir parler correctement, elle observe tout et fait sa propre analyse. Elle comprend vite. Le problème est qu'elle n'a pas confiance en elle et sa tendance à l'automutilation est dangereuse. Il suffirait de si peu pour qu'elle s'épanouisse...

Je prends la décision de la faire opérer. Je contacte une association française et profite de la mission chirurgicale prévue dans un mois pour qu'un chirurgien français opère Lovely à l'hôpital public d'Iloilo. L'intervention a lieu, puis une orthophoniste suit l'enfant pour lui réapprendre à prononcer correctement les mots. La métamorphose est spectaculaire : tout d'abord au niveau physique, avec une réparation de la malformation et une cicatrisation parfaite ; et, bien sûr, au plan moral. Lovely renaît et devient même coquette. Elle prend soin d'elle, se lave les dents, porte les robes que sa marraine française (toutes les filles de Caméléon sont parrainées individuellement) lui envoie. La voilà qui se transforme en petite princesse, ce qui ne plaît guère à Cute : elle a l'impression qu'on lui vole sa place de « petite mascotte ».

Après deux ans passés au centre, Lovely est réintégrée avec succès dans sa famille. Sa maman, après le drame qui a conduit au placement de Lovely au centre, a eu le courage de se séparer de son mari : le divorce est interdit aux Philippines, mais la séparation tolérée. Elle vit de nouveau en couple, avec un jeune homme attentionné qui accueille Lovely comme si elle était sa fille et prend soin d'elle... enfin. La petite, d'abord méfiante, est aujourd'hui rassurée. Elle retrouve un environnement familial propice à son développement et s'épanouit, sans crainte du lendemain.

Nous ne sommes intervenus que deux ans dans la vie de cette enfant et ce laps de temps aura suffi à faire naître d'une chrysalide un beau papillon. Lovely vole vers de nouveaux horizons et laisse sa place à une nouvelle fille, Gina.

Gina

Gina a onze ans lorsqu'elle arrive au centre. Elle en paraît neuf et se comporte de façon étrange. Elle vient de vivre onze années de terreur dans son village, là-haut dans la montagne. Gina a peur de tout... C'est une enfant sauvage. Mais que s'est-il donc passé pour qu'elle ait ce regard effrayé ?

La maman de Gina a été violée par le fils de son employeur et Gina naît au mauvais moment, au mauvais endroit. Ne pouvant s'en occuper, sa mère, désemparée, la « donne » à sa sœur qui l'élève jusqu'à l'âge de deux ans. Enceinte, cette dernière ne peut plus veiller sur cette enfant qui n'est pas la sienne et « donne » à son tour Gina à sa belle-mère. Celle-ci ne veut pas la garder trop longtemps et sa mère est contrainte de la reprendre. Gina n'a que quatre ans et personne ne veut d'elle. Elle n'a pas été désirée et c'est un poids pour toute la famille. Elle grandit dans cet environnement hostile où elle n'a pas sa place et reste dans un placard, la « chambre » qu'on lui octroie, comme un chien affamé dans un coin. Elle ne va pas à l'école, n'a rien à manger, ne reçoit aucune attention, pas d'amour, rien... Elle n'est bonne à rien sinon à laver le linge et faire la vaisselle. Elle ne dit pas un mot, de peur de recevoir un coup de bâton. De quel droit pourrait-elle se plaindre ? Elle n'avait qu'à ne pas naître ! Pourquoi est-elle là, dans les pattes de ceux qui sont déjà bien gentils de lui laisser une place par terre ?

Sa mère vit avec un homme depuis cinq ans. Il tolère la présence de Gina mais ne lui prête aucune attention. Le frère de cet homme, en revanche, abuse de Gina sexuellement à maintes reprises et la menace avec un couteau. Tel est le quotidien de cette jeune fille qui ne connaît que la maltraitance comme mode de vie.

Suite à une visite des services sociaux, Gina est ôtée à sa « famille » et placée à Caméléon. C'est la première fois de sa vie qu'elle sort de la maison dans laquelle

elle était séquestrée. Elle arrive apeurée. Elle est sale, son nez coule et sa frange coupe son visage en deux. Ses bras et ses jambes, couverts de cicatrices, témoignent de la violence des coups reçus. Je lui parle dans son dialecte, pour ne pas l'effrayer davantage :

« Maayong aga Gina (Bonjour, Gina). Ginaabiabi ko gid ikaw sa chameleon » (Sois la bienvenue à Caméléon).

Gina me regarde comme si j'étais une extraterrestre. Elle n'a sans doute jamais vu de « Blanche », qui plus est parlant son dialecte. Elle me dévisage. Elle est inquiète. Je tente de la rassurer en la prenant par l'épaule, commettant là une erreur. Gina pousse un cri et fait un saut en arrière. Elle trouve refuge sous la table et, prostrée, ne bouge plus. Tout comme dans sa maison, c'est sous une table ou dans un placard qu'elle se sent bien, parce que c'est là et comme cela qu'elle a vécu pendant des années. Je m'approche doucement pour lui parler, mais rapidement je recule. Elle est complètement terrorisée. Qu'ont donc fait les adultes à cette enfant pour qu'elle soit devenue aussi sauvage ? Elle ne sait pas ce qu'est la tendresse et tout est à apprendre. Nous allons y veiller.

Gina fait des progrès de jour en jour. Elle a encore très peur de la chasse d'eau des toilettes et aussi de ce buffle rouge à roulettes qu'elle voit passer chaque jour et qui n'est autre que notre voiture. Elle accepte maintenant de se mettre à table avec les autres filles, qui lui montrent comment utiliser les couverts et se tenir droite. Elle apprend à se laver les dents, ce qu'elle n'avait jamais fait en onze ans.

On repart de zéro avec Gina, y compris à l'école puisqu'elle ne sait ni lire ni écrire. Elle est dans la classe de Cute, qui se charge de la protéger des moqueries des autres enfants. Gina se met facilement en colère lorsqu'elle est contrariée et pique de véritables crises d'hystérie, alors mieux vaut éviter de la provoquer.

La pédopsychiatre diagnostique un petit retard mental chez Gina, ce qui n'a rien d'étonnant lorsqu'on connaît sa petite enfance. Mais elle fait preuve d'une réelle volonté d'apprendre et progresse de façon impressionnante. Un peu trop vite, peut-être. Tout s'inverse dans l'autre sens. Gina est en recherche d'affection, elle réclame des câlins, s'attache au personnel, aux volontaires et elle vit leurs départs comme un véritable drame. Tout est excessif. Elle se roule par terre et hurle, pleure, tombe en dépression pendant plusieurs jours. Elle ne gère pas encore ses émotions, mais elle est sur la bonne voie. Je suis heureuse de la voir s'ouvrir aux autres, avoir des sentiments, donner et recevoir, vivre enfin...

C'est notre rôle d'apprendre à Gina comment canaliser ses joies et ses peines, ses certitudes et ses doutes, ses envies et ses angoisses. Petit à petit, les crises de larmes cessent et Gina s'apaise. Elle mûrit, prend soin d'elle et se trouve même jolie. C'est le signe que tout va bien.

Son procès est en cours et elle peut maintenant affronter son violeur la tête haute au tribunal. Elle connaît ses droits et a compris depuis longtemps que ce qui lui est arrivé n'était «pas juste». Elle décrit les scènes de viol avec précision. Elle s'en souvient, parce qu'à l'époque elle pensait que c'était normal, que la vie était ainsi, cruelle, et qu'elle était née pour subir cette violence.

Contrairement aux idées reçues, la violence urbaine est bien moindre que la violence rurale. À la campagne, les gens sont isolés et n'ont pas de moyens de distraction. Pas de voisins, non plus, pour observer ce qu'ils font et dénoncer certaines situations. Lorsqu'ils rentrent à la maison, les hommes, pour la plupart, boivent et « s'amusent » avec ce qu'ils ont « sous la main ». Souvent, ce sont les enfants... leurs propres enfants. Et puis, pour peu que la mère soit partie travailler à l'extérieur ou à l'étranger, la fille aînée fait office de substitut et le père ou le beau-père commettent l'impensable : l'inceste. Les pièces sont petites, et souvent il n'y a qu'une chambre, alors les frères et sœurs assistent à la scène, impuissants. Parfois même ils deviendront les prochaines victimes. Ou, pis encore, si tant est qu'il y ait des degrés dans l'horreur, certains frères reproduisent ce qu'ils voient et violent leur petite sœur... Pour « faire comme papa » !

Cela fait quatre ans que Gina est au centre et sa maman vient régulièrement lui rendre visite avec son petit frère. Les liens se sont renoués et consolidés. Gina est transformée et sa maman comprend enfin à quel point sa fille a souffert, et cela en partie parce qu'elle n'a pas joué son rôle de mère. Pour grandir normalement et se développer, Gina avait besoin d'être aimée, guidée et protégée. Il n'est pas trop tard et la jeune fille exprime son désir de retourner « à la maison » maintenant qu'elle se sent aimée et que le « démon » est en prison.

Cette volonté de l'adolescente, aujourd'hui âgée de seize ans, de retourner à ses racines est un signe encourageant, la preuve que les peurs ont disparu. Nous décidons donc de réintégrer Gina dans sa famille, avec sa maman et son beau-père, comme elle le souhaite. Nous prenons soin de lui construire une petite chambre, pour qu'elle puisse avoir son cocon à elle, son intimité, son jardin secret.

Gina est heureuse, mais elle a conservé son caractère entier et excessif. Peu de temps après sa réintégration, elle tombe amoureuse de son voisin. C'est plutôt une bonne nouvelle que de la savoir capable de développer des sentiments pour un garçon après ce qu'elle a subi. Même si elle est encore très jeune, c'est un indicateur de «guérison».

Cependant, un jour, sa mère arrive en sanglots au centre et demande pour la première fois de l'aide pour sa fille. Gina est tombée amoureuse, certes, mais il y a un problème : elle est aussi tombée enceinte et l'heureux élu de son cœur n'est autre que le cousin de son violeur... Amour ou manigance ? On dirait que l'histoire recommence... à la différence que, cette fois, la maman est là et souhaite protéger sa fille. Gina lui renvoie sans doute, à seize ans, une image de son propre passé.

Nous intervenons pour prévenir «l'amoureux» de Gina qu'il est sous notre surveillance, l'adolescente étant encore mineure et lui ayant déjà trente-cinq ans. Il nous assure qu'il ne fera pas de mal à Gina, qu'il aime, dit-il, sincèrement.

Gina donne naissance à un petit garçon, dont elle prend déjà bien soin. Elle ne reproduira pas le passé... son bébé a besoin d'elle. C'est une maman heureuse.

Janice

Janice a quatorze ans lorsqu'elle arrive au centre. Elle est là, comme toutes ces jeunes filles qui finissent dans nos bras, parce qu'elle a été victime, non pas d'un viol, mais de trois en l'espace de quatre ans.

C'est une bonne élève et son rêve est de terminer ses études brillamment pour trouver un travail et aider sa famille. Ses parents sont très pauvres et ne peuvent pas subvenir aux besoins de leurs enfants. Le père est fermier et la mère ne travaille pas. Janice a quatre frères et est l'avant-dernière.

La petite fille a trois ans lorsque ses parents décident de la placer chez sa tante. Ils sont dans l'incapacité financière de s'en occuper et pensent la protéger en la confiant à un membre de leur famille. Janice est une enfant calme et sérieuse. Elle se concentre sur ses études et ses notes sont excellentes, jusqu'au jour où elle va vivre une terrible épreuve. Tous ses rêves de petite fille s'écroulent.

Il est 15 heures et Janice fait ses devoirs, lorsqu'un individu qu'elle ne connaît pas pénètre soudain dans la maison. Il la viole et la menace de la tuer si elle crie ou dit quoi que ce soit à la police. Pourtant, Janice et sa maman ont le courage de porter plainte et un procès est ouvert. Le violeur est arrêté et emprisonné. Six mois plus tard, il parvient à s'échapper et lance des menaces de mort contre Janice.

Lors de l'enquête faite par les services sociaux, Janice se confie et affirme avoir été également violée par un de ses grands frères. Elle ne mentionne pas son nom parce qu'elle souhaite protéger sa famille.

L'environnement familial de Janice n'étant pas sain, l'assistante sociale de la ville décide de placer l'adolescente dans une famille d'accueil afin qu'elle puisse terminer ses études. Janice n'y restera pas longtemps parce qu'elle est abusée par le père d'accueil.

L'histoire et les traumatismes se répètent, comme pour alourdir encore la charge émotionnelle qui enfonce des jeunes filles dans le désespoir et la dépression. N'étant en sécurité nulle part, Janice est placée à Caméléon, le seul cocon qui saura la préserver du danger d'autres abus éventuels.

Janice est une jeune fille très douce et calme qui, pour faire face à un passé douloureux, tente de se reconstruire petit à petit. Elle s'entend parfaitement avec les autres filles et se concentre sur ses études. Elle sait depuis toujours que c'est là son seul remède, l'espoir de réussir un jour sa vie. Elle est première de la classe et ses professeurs ne tarissent pas d'éloges à son propos.

Pourtant, au bout de huit mois, l'adolescente commence à avoir un comportement inquiétant. Les moments d'euphorie alternent avec les pleurs, seule dans sa chambre. Elle s'évanouit même à l'école à plusieurs reprises et le directeur, alerté par les élèves, nous demande de ne plus l'envoyer en classe le temps qu'elle se rétablisse. Janice va mal.

Que se passe-t-il dans la tête de cette jeune fille qui passe du calme à l'agitation sans raison apparente ? Son état de crise se traduit par des contorsions, des éclats de rage, des paroles impies et même blasphématoires. Pendant les périodes de calme, elle oublie tout et son comportement redevient normal et pieux. Elle effraie les autres filles et inquiète les assistantes sociales.

Une nuit, on m'appelle en urgence pour que je vienne au centre. Janice est en plein délire et le personnel ne parvient pas à la contrôler. Elle est violente et dangereuse, tant pour elle que pour les autres. Il est minuit, je saute dans ma voiture et parcours les 60 kilomètres qui me séparent du centre. Lorsque j'arrive, je vois Janice couchée au sol et six personnes qui s'efforcent de l'immobiliser. La scène est spectaculaire. L'adolescente redouble de force et, d'un mouvement du bras, repousse violemment le gardien. Celui-ci est propulsé contre le placard et retombe lourdement, sonné par le choc. Je n'en crois pas mes yeux. Je n'ai jamais vu Janice dans cet état, ni une jeune fille aussi menue faire face à six personnes. D'où lui vient cette force ?

Pour les Philippins, pas de doute, Janice est habitée par le diable. Elle est en pleine crise de possession et il faut absolument appeler le prêtre exorciste pour libérer la jeune fille de l'emprise démoniaque, grâce à l'autorité spirituelle que Jésus a confiée à son Église.

Je ne suis pas croyante, mais pour la première fois de ma vie, j'assiste à un phénomène que je ne m'explique pas et qui me met mal à l'aise. Le regard exorbité de Janice est effrayant et je suis obligée de baisser les yeux lorsqu'elle me parle d'une voix qui n'est pas la sienne et m'insulte. Je ne reconnais plus la douce Janice qui souvent se confiait à moi... Je suis perturbée par cette image d'adolescente possédée et terriblement vulgaire dans ses propos. Elle parle en anglais, crache des insultes et sa voix est celle d'un homme. Elle a les yeux injectés de sang et elle bave.

« My God ! » s'exclame Angelica, une autre fille, qui se remet péniblement du coup dans la poitrine qu'elle a reçu de Janice. Un coup si soudain et violent qu'il lui a coupé le souffle.

L'état de Janice ressemble beaucoup à une crise d'hystérie ou de spasmophilie et de transe. Mais comment expliquer qu'elle parle subitement l'anglais ?

J'essaie de rassurer les filles et le personnel en leur expliquant que Janice est malade et que nous allons nous occuper d'elle. Mais pour eux, c'est certain, elle est possédée par Satan et dangereuse.

Les plus petites pleurent et se réfugient dans mes bras, les plus grandes prient autour de Janice, le personnel est impuissant.

Je téléphone alors au prêtre de la paroisse. Je lui explique la situation et lui demande de venir au centre de toute urgence pour aider Janice avant qu'elle ne se fasse mal ou ne blesse quelqu'un.

« Mais il est 2 heures du matin, Laurence !

– Oui, mon père, je sais qu'il est très tard et que je vous réveille... Excusez-moi, mais comprenez l'urgence, on ne peut pas laisser Janice comme ça ! Aidez-nous ! »

Le prêtre me conseille d'appeler un médecin et me promet de venir le lendemain à la première heure.

Cette réponse m'agace. Bien sûr que je dois appeler un médecin et emmener Janice voir un psychiatre, mais à cette heure-ci, personne n'acceptera de venir ici pour gérer ce genre de crise. Nous sommes dans la campagne, en pleine forêt, et il est bientôt 3 heures du matin. Pourquoi ce prêtre ne veut-il pas nous aider ? Aurait-il peur, lui aussi ?

Eh bien, soit, nous allons gérer la crise seuls. Je demande au personnel de surveiller Janice, qui continue de gesticuler et part dans une rage folle dès qu'elle entend des prières ou voit des gestes pieux. Je préfère emmener les petites filles dans leur chambre pour tenter de les faire dormir. Je rapproche les lits et me couche au milieu, pour qu'elles n'aient plus peur. La porte est fermée mais nous entendons malgré tout Janice blasphémer horriblement. Je parle aux filles, leur raconte des histoires, les serre fort dans mes bras et, une par une, elles s'endorment... enfin.

Nous somnolons depuis à peine trente minutes quand soudain la porte s'ouvre et la silhouette de Janice apparaît. Elle se dirige droit sur nous comme une furie. Les petites se réveillent et commencent à pleurer. Je me lève et me précipite pour arrêter Janice dans son élan. Elle risque de nous blesser. Je la raccompagne dans la salle à manger et l'allonge sur un matelas pour l'apaiser.

« Janice, calme-toi, ça va aller... Dors, ma belle. »

Elle me regarde avec de grands yeux noirs assassins qui, en un quart de seconde, s'adoucissent et m'appellent à l'aide.

Comment ne pas être saisie d'émotion ? Je voudrais tant trouver la clé pour qu'elle soit en paix avec elle-même. Je connais son passé, mais ne parviens pas à savoir ce qui a provoqué son état actuel. Je peux seulement lui faire sentir que je suis là et que je ne l'abandonnerai pas dans cette terrible épreuve. Est-elle consciente ou son état second la détache-t-elle de la réalité ? C'est la première fois que je dois faire face à une telle situation et je me sens impuissante.

Janice me regarde, puis tourne la tête vers les autres filles qui se sont couchées par terre, près d'elle, et prient. Son corps se raidit et prend la position du Christ sur la Croix.

Elle semble calme mais anxieuse et, d'une petite voix qui est enfin la sienne, murmure :

«Je m'en vais... Good bye.»

Elle ferme les yeux et sa tête tombe sur le côté, comme si elle s'était évanouie. Les filles s'affolent et Cara, qui n'avait cessé de réciter des prières pour exorciser son amie, s'approche et lui prend la tête en la secouant pour qu'elle se réveille.

«Janice ! Janice ! Ne meurs pas, je t'en supplie !»

Janice ne réagit pas. Je me penche sur son corps et, soulagée, entends les battements de son cœur. Elle semble plongée dans un profond sommeil, à 100 000 lieues de nous. J'espère que là où elle est, elle a trouvé un havre de paix pour se reposer, parce que cela fait plus de six heures qu'elle se contorsionne et lutte contre une force inconnue.

Ses amies pleurent, elles pensent que le diable l'a emportée et qu'elle est morte. Je les rassure et leur demande de dormir, elles aussi... La nuit s'avance et tout le monde est épuisé.

Nous tentons, à quatre adultes, de décroiser les pieds de Janice pour qu'elle se détende mais n'y parvenons pas : elle est comme clouée sur la Croix. Nous forçons un peu, sans brutalité, mais au contraire pour la détacher de cette emprise. Nous regrettons vite nos efforts, car Janice ouvre soudainement les yeux et entre à nouveau dans une rage folle. Elle nous tue du regard, nous insulte, crie, hurle, se débat... La crise reprend de plus belle : elle est possédée et inapprochable.

Je me précipite sur le téléphone et rappelle le prêtre. Il est 5 heures du matin et j'insiste pour qu'il vienne immédiatement. Je lui explique que nous ne pouvons pas calmer Janice.

Le prêtre arrive enfin et tente d'exorciser notre pauvre Janice, qui n'apprécie pas du tout cette intervention. Il lance sur elle de l'eau bénite, dont le rituel dit qu'elle chasse le démon, plus à son aise dans les flammes de l'enfer. Janice hurle et défie l'homme d'Église :

« Mets-la toi au cul, ton eau bénite, espèce de pute ! »

Les filles se bouchent les oreilles et je demande aux assistantes sociales de les emmener dans leur chambre. La scène est d'une violence inouïe. Janice tente d'arracher ses vêtements devant le prêtre pour le déstabiliser. Elle tire la langue et se montre ordurière dans ses propos. Elle qui est d'ordinaire si discrète et pudique...

Les prières du prêtre ne parviennent pas à délivrer Janice et il me conseille d'appeler un médecin. Depuis que la psychanalyse existe, on sait que le diable n'est plus forcément à l'origine des troubles psychiques et je suis rassurée de voir que, même dans un pays aussi catholique que les Philippines, le prêtre envisage, lui aussi, la solution d'un traitement psychiatrique pour l'adolescente.

Cela fait des heures que le médecin est prévenu et que j'attends l'ambulance pour emmener Janice à l'hôpital psychiatrique d'Iloilo, mais nous sommes en pleine campagne... Les ambulances sont rares dans ce pays et les accidents fréquents. Il faut attendre et «prendre son mal en patience» !

Janice parvient à se lever et avance tel un robot. Elle ouvre et claque les portes. Les filles sont apeurées. Je ne peux pas la laisser continuer son cinéma. On se croirait dans le film *L'Exorciste*, à une différence près : les lits ne volent pas !

Il faut absolument que je la calme et qu'elle dorme, alors je tente le tout pour le tout : je vais lui faire avaler des somnifères. C'est un entreprise périlleuse et délicate, car elle refuse d'ouvrir la bouche et serre les dents en me fixant du regard. Je ne supporte plus de la voir dans cet état, je suis exténuée et il semble que l'adolescente prenne plaisir à me vider de mon énergie. Je dois agir vite, avant de ne plus avoir la force d'opérer sereinement. J'écrase deux comprimés de somnifère dans un bol pour les réduire en poudre, ajoute de l'eau et aspire le mélange avec une seringue.

« Ouvre la bouche, Janice, et bois. C'est de l'eau, tu n'as pas soif ? Regarde, tu es en nage... Bois ! »

Janice tourne la tête doucement, mais ses yeux restent fixés sur moi. Elle esquisse un sourire et me répond d'un ton fier et cinglant :

« No way ! »

Une tête de mule habite le corps et la tête de Janice. Alors je décide d'employer la manière forte. Je demande au personnel d'immobiliser ses jambes, ses bras, ses épaules et sa tête, et je m'occupe du reste. J'attrape sa mâchoire et parviens à enfoncer la seringue entre deux dents. J'appuie et le liquide coule dans la bouche de Janice. Ses joues se gonflent et elle me regarde, prête à me cracher à la figure. Je ne supporte plus de la voir ainsi. Je lui mets la tête en arrière et lui ordonne d'avaler. Par je ne sais quel miracle, elle s'exécute... Je suis soulagée.

« C'est bien, ma belle, c'est bien... Tu vas dormir un peu, maintenant... »

Je lui caresse les cheveux, lui parle doucement et pose ma tête sur son torse pour mettre le poids de mon corps sur le sien. Je m'attends à tout et veux être sûre qu'elle ne se relève pas au moment de s'endormir. Les minutes passent et me semblent éternelles, Janice ne dort toujours pas et nous sommes quatre à la tenir, parce qu'elle se débat inlassablement. Normalement, un quart de somnifère suffit pour qu'elle s'endorme et là, je lui ai administré deux comprimés. C'est incroyable, cette force de résistance qu'elle puise au plus profond d'elle !

Elle s'endort enfin, et moi aussi. Une petite heure de repos et l'ambulance arrive. Nous réveillons aussitôt Janice et avons beaucoup de mal à la faire entrer dans le véhicule. Les blouses blanches l'affolent et elle se met en colère. Nous devons l'attacher jusqu'à l'hôpital. Cette crise semble interminable. Vingt-quatre heures plus tard, Janice se débat encore énergiquement. Elle est internée et je m'entretiens avec la psychiatre qui, bien entendu, trouve à ce comportement des origines psychologiques et non diaboliques.

Janice est sous traitement lourd. Les calmants l'assagissent et je suis soulagée de ne plus voir son corps se contorsionner violemment. Je demande aux infirmières de détacher sa camisole de force, je ne veux pas la voir ainsi prisonnière d'un passé qu'elle n'a pas choisi. Je m'approche, m'assois à côté d'elle sur son lit et me penche pour lui parler à l'oreille. Les assistantes sociales reculent.

« Attention ! Elle pourrait te mordre ! »

Pauvre Janice, que l'on considère à présent comme une bête féroce ! Ses yeux sont fermés et elle semble dormir profondément. Je ne veux pas la réveiller, mais avant de rentrer en France pour mon travail, je tiens à lui dire quelques mots.

« Janice, tout ira bien maintenant, ne t'inquiète pas... Tu dois te reposer et prendre bien soin de toi pour être en forme et retourner à l'école très vite. »

Je sais que pour elle les études comptent plus que tout, donc je la motive de cette façon. Il faut qu'elle ait une raison de se battre contre ses démons intérieurs pour ne pas se laisser envahir par la dépression qui la guette.

« Je dois rentrer en France dans quelques jours, alors je suis venue te dire au revoir et, surtout, à très bientôt, parce que je serai vite de retour. Tu seras forte ? Tu me le promets ? »

Je me relève et m'apprête à partir, lorsque je vois couler sur sa joue des larmes qui traduisent une immense détresse et un profond chagrin. Janice a conscience de son état et ses larmes sont un appel à l'aide. Je les essuie et l'embrasse tendrement.

« Prends soin de toi, Manang, me dit-elle, et dis bonjour de ma part à ma marraine. Dis-lui que je l'aime. »

– Oui Janice, je le lui dirai, je te promets... »

Cette adolescente qui est en pleine crise et souffre n'oublie pas sa marraine du bout du monde. C'est bouleversant et je suis très émue. Je ressens le besoin de franchir la porte pour me couper de cette réalité qui épuise mon énergie depuis plusieurs jours. Je dois me ressaisir et rebondir vite pour continuer ma route et ne pas oublier les autres filles restées au centre, qui, elles aussi, ont besoin d'amour, de soins et d'attention.

Janice est hospitalisée pendant deux mois, le temps pour moi de faire un aller-retour en France. Sa marraine suisse, informée de la situation, propose généreusement de prendre en charge les frais psychiatriques. Petit à petit, l'adolescente se reconstruit et réintègre le centre. C'est une épreuve, parce que tous les regards sont portés sur elle. Ses camarades ont en mémoire des images douloureuses et sont partagées entre leur méfiance vis-à-vis de Janice et leur envie de l'aider. Nous devons également négocier avec le directeur de l'école pour qu'elle puisse reprendre ses études et rattraper son retard. La jeune fille est encore fragile et elle doit se rendre souvent à l'hôpital. Les médicaments qu'elle prend tous les jours sont à forte dose et leurs effets secondaires visibles et inquiétants pour ceux qui ne connaissent pas son état. Elle dort beaucoup, parle toute seule, se prend parfois pour une princesse et fait de longs discours en anglais. Sa démarche est hésitante ou robotisée. Janice a encore un long chemin à parcourir avant de retrouver son équilibre, mais c'est une enfant caméléon et nous l'encourageons.

Après deux mois de traitement et de stabilité apparente, Janice rechute et doit de nouveau être hospitalisée. Dix-sept jours de traitement intensif pour éviter une nouvelle crise. Je dois négocier avec les assistantes sociales pour qu'elles acceptent son retour au centre. Selon elles, Janice représente un danger parce que toute l'attention du personnel se concentre sur elle et que les autres filles le vivent mal. C'est une situation délicate à gérer et il s'agit de prendre la bonne décision pour ne pas perturber l'équilibre du programme.

Nous demandons à la maman de Janice de la rejoindre au centre pour la surveiller et l'aider dans les tâches quotidiennes, pour lui apporter l'amour dont elle a tant manqué et dont elle a besoin pour ne pas sombrer dans la folie.

En à peine un mois, Janice reprend ses marques, retourne à l'école et retrouve sa place de première de la classe. Elle reprend confiance en elle parce qu'elle sent tout l'amour que nous lui donnons. Caméléon, sa maman, sa marraine, ses amis, ses professeurs, tout le monde est là pour la tirer vers le haut sans rien attendre en retour, sinon son sourire et sa joie de vivre.

Janice s'épanouit enfin. Elle réintègre sa famille après trois ans passés au centre et entre à l'université. Voulant à son tour aider les autres, elle entreprend des études d'assistante sociale et fait preuve d'une détermination sans faille.

«J'ai beaucoup de chance d'avoir croisé Caméléon. Sans le soutien de l'association, je n'en serais pas là aujourd'hui. Je serais devenue folle ou je serais déjà morte. J'ai compris que le passé était le passé, qu'il ne pouvait être changé, qu'il devait rester là où il était et n'être pour moi qu'un très mauvais souvenir. Ce qui s'est passé n'était pas ma faute, je le sais à présent.

Merci à tous les enfants de Caméléon pour leur soutien, leur compréhension et leur courage. Ils vont tous me manquer. Merci, Manang Lolo, pour tout ce que tu as fait pour moi... tu es la plus belle chose qu'il me soit arrivé dans la vie.

Salamat gid sa inyo tanan (Merci à tous)»

Janice a surmonté les pièges que lui ont tendus un jour trois hommes... ses trois démons. Ils ont perdu.

Baby

Baby a treize ans lorsqu'elle arrive au centre. Je remarque cette jeune fille qui bouge dans tous les sens. Elle passe dans le couloir, puis court jusqu'à la chambre en riant et en agitant les bras. J'ai l'habitude des filles qui sont en recherche d'attention, comme pour se faire une place, exister parmi les autres enfants... Mais Baby a quelque chose de différent.

Son passé ? Il ressemble à celui de toutes ces enfants qui un jour ont croisé un monstre. Il n'a pas l'apparence de ceux des dessins animés, mais il est beaucoup plus dangereux et pervers que n'importe quel *alien*. D'ailleurs, ce n'est pas un étranger : c'est son oncle, le frère de son père. Il a pris l'habitude de venir se faire enlever ses cheveux blancs et le rituel est immuable. Il vient plusieurs fois par semaine dans la maison de son frère, parce qu'il sait qu'une petite fille sans défense s'y trouve, seule, abandonnée par les siens.

La mère de Baby, lassée de voir son mari courir après ses maîtresses, a un jour quitté le foyer familial en emmenant ses deux autres enfants et en laissant Baby à son mari. Pourquoi elle ? On ne le sait pas. Sans doute est-elle celle qui ressemble le plus à son papa. Baby grandit près de son père, de l'âge de cinq ans à l'âge de dix ans, sans maman, ni frère ni sœur.

Tout le village sait que cette petite fille est livrée à elle-même. Le monstre guette. Il est l'oncle bienveillant, celui qui vient écouter les chagrins de sa petite nièce. Son jeu favori est de la prendre sur ses genoux pour la dorloter. Il lui demande d'enlever ses cheveux blancs. Baby s'exécute. Et puis, un jour, il la serre très fort pour lui donner de «l'amour», comme il dit. Mais de quel amour s'agit-il ? Quel est donc cet amour qui fait mal à un enfant ? Comment oser parler de sentiments et de tendresse lorsque l'on glisse ses doigts dans la culotte de sa nièce, qu'on la lui arrache et qu'on la viole ?

L'acte se reproduit chaque jour pendant des mois... et pour le justifier, l'oncle donne un peu d'argent. L'acte n'est plus gratuit, c'est un échange de «bons procédés». Et puis après tout, l'enfant doit bien aimer ça puisqu'elle ne dit rien, qu'elle reste passive à chaque pénétration. Elle achète même des bonbons avec «tout cet argent» qu'elle reçoit. On finit même par dire qu'elle a de la chance !

Baby subit l'inceste pendant plus d'un an sans que personne s'en rende compte. Et puis, un jour, sa mère revient avec ses deux enfants. Baby ne les reconnaît pas. Ils tentent de s'apprivoiser et c'est bien difficile pour une jeune adolescente dont on a violé l'enfance. Baby est devenue agressive et rebelle. Elle a vécu tant de souffrances que plus rien ne peut l'atteindre, pense-t-elle. Et puis, on l'a abandonnée, alors elle ne doit rien à personne... D'ailleurs, qui se soucie d'elle ?

Justement, ce soir-là, Baby a mal au ventre... En bas du ventre. La mère, alarmée par les plaintes répétées de sa fille, se montre enfin à l'écoute. Elle ne se doute pas qu'elle va entendre les pires horreurs : apprendre que sa fille s'est fait violer. Baby lui dit tout, comme pour lui faire payer son absence.

Baby a subi son enfance. Elle décide de prendre sa vie en main et de faire payer aux adultes toutes les erreurs qu'ils ont commises. « Ils ont joué avec moi, ces porcs, me confie-t-elle, ils vont perdre... »

Du haut de ses treize ans, elle affronte les autorités. Elle parle d'abord à son père, à qui elle dévoile la vérité sur son frère. Elle va seule à la police pour porter plainte. Et elle va même voir le maire, à qui elle demande de mettre le « porc » en prison. Oui, mais le « porc » a des relations... c'est un ami du chef de la police et un homme actif en politique. Le maire le couvre, la police transforme la plainte pour viol en attouchement et le père ferme les yeux, pour éviter tout scandale.

Baby tente de faire entendre ses droits, mais en vain. Elle pleure, hurle, devient la risée du village et l'on n'hésite pas à la traiter de folle. L'enfant passive qu'elle était lorsqu'elle subissait la domination du plus fort devient une adolescente révoltée. Elle ne supporte pas l'injustice qu'on lui inflige et rejette cette autorité qui la bafoue.

Baby est seule, sans soutien, sans amour... Elle décide de mettre fin à ses jours. Elle avale un litre de désherbant, et s'effondre. Une voisine la découvre et appelle les secours. Baby est hospitalisée, une enquête de police est ouverte, le monstre disparaît dans la nature et Baby est accueillie par l'association Caméléon.

Baby n'a que treize ans, mais je remarque sa maturité et sa force de caractère. Je l'observe avec attention car je la trouve différente des autres filles. J'ai du mal à cerner sa vraie personnalité. Je me demande même si elle n'en a pas deux, tant ses attitudes ou réactions changent d'un jour à l'autre. Baby est diagnostiquée dépressive par la pédopsychiatre. Cela expliquerait ses phases de grande euphorie comme ses périodes de mutisme ou de tristesse.

Ses résultats scolaires sont moyens et son comportement au centre devient vite problématique. Elle ne supporte pas l'autorité et a tendance à répondre aux assistantes sociales. Rapidement, elle est sanctionnée, mais les avertissements n'ont aucun effet sur elle. On dirait même qu'elle en rit.

Samedi est le jour des activités artistiques à Caméléon. Je prends plaisir à dessiner ou à peindre et j'apprécie tout particulièrement ces instants passés avec les enfants dans l'atelier d'art. Baby s'intéresse à ce que nous faisons et je lui propose de se joindre au groupe. Je lui apprends comment associer les couleurs et peindre sur un tee-shirt. Elle passe des heures dans l'atelier et fait preuve de créativité. Je suis heureuse de la voir s'impliquer sérieusement dans une discipline nouvelle qui demande concentration, minutie et imagination.

Tous les soirs, de 17 heures à 18 heures, les filles sont libres de faire ce qu'elles veulent au centre. C'est l'occasion pour certaines de jouer ou de lire. Pour Baby, ce sera la peinture. Elle ne s'arrête plus. Est-ce vraiment l'art qui la passionne ou le fait de se retrouver avec moi ? Je dois rapidement savoir quelle est sa réelle motivation. Déjà, les autres filles sont jalouses de voir Baby passer autant de temps en ma compagnie et le personnel me met en garde. Ces situations sont toujours délicates : comment faire comprendre à une enfant dépressive et en recherche d'affection que l'on ne peut pas passer trop de temps avec elle et que, si elle souhaite se confier, elle doit aller voir son assistante sociale ? Telles sont les règles au centre, et en tant que directrice, je dois les appliquer et montrer l'exemple. Il faut éviter tout favoritisme et veiller à ne pas déclencher la jalousie des pensionnaires, qui ont un tel besoin d'attention qu'elles feraient n'importe quoi pour se faire remarquer.

Baby est de plus en plus rebelle et n'en fait qu'à sa tête. Elle agace le personnel, qui n'accepte pas son manque de respect vis-à-vis des adultes. Elle provoque, répond, jette la nourriture, ne prend pas ses médicaments, accumule les fautes pour obtenir son renvoi du centre... seulement six mois après son admission. J'interviens personnellement pour tenter de comprendre sa tendance à détruire tout ce qu'elle construit. On dirait qu'elle prend plaisir à se faire réprimander, à être rabaissée. Son ego est tellement bas que plus rien ne l'atteint. Elle a vécu le pire dans son enfance et a survécu à deux tentatives de suicide. Elle se sent indestructible et intouchable. À chaque fois qu'elle se trouve en situation stable, elle déclenche un mécanisme d'autodestruction. C'est triste de voir une adolescente à peine sortie d'une enfance qu'elle a subie ne pas vouloir construire son futur et ne pas aspirer au bonheur. Mais comment le pourrait-elle, puisqu'elle ne l'a jamais connu ?

Baby fugue de l'école et je suis extrêmement inquiète. Elle n'a rien emporté, à part quelques pesos qu'elle a volés à une camarade. Elle m'a laissé une lettre :

« Manang Lolo, excuse-moi, tu ne vas pas être fière de moi parce que je suis partie, mais je ne supporte plus d'être ici. Merci pour tout. Tu es la seule à me comprendre. Je t'aime très fort. Babes. »

C'est la première fois que je la vois signer « Babes ». Qui est donc cette Babes qui prend le dessus sur Baby pour faire le mal ? Serait-ce cette seconde personnalité que j'ai toujours sentie présente en elle ? J'espère qu'elle ne se réveille pas parce que je ne l'aime pas... Je ne reconnais pas Baby lorsqu'elle agit ainsi.

Je déclenche des recherches, informe les services sociaux, la police, ses parents et mets tout en œuvre pour la retrouver. Baby est instable et n'a pas terminé son année scolaire, nous sommes responsables et ne pouvons pas l'abandonner à ce stade de sa reconstruction, même si c'est elle qui a choisi de fuguer.

Au bout de trois jours, je parviens à contacter sa sœur aînée, qui m'informe qu'elle se cache chez des amis. Je demande à ce que son père la ramène au centre au plus vite, pour qu'elle puisse continuer ses études. Les examens approchent et les absences sont mal vues.

Trois jours passent et alors que je travaille dans mon bureau, j'entends le portail s'ouvrir en plein milieu de la matinée. Les chiens aboient. Je sors et là, devant moi, ma grande Baby me sourit. Je suis heureuse de la retrouver saine et sauve. Quel soulagement !

Mais à peine a-t-elle franchi le seuil que je sens qu'elle repartira. Ses yeux en disent long... Je comprends son envie de liberté. Pour autant, je reste persuadée que Caméléon peut faire plus pour cette adolescente à la personnalité complexe et au cœur endurci par tant d'années de souffrance et d'abandon.

Je croise son regard : sans dire un mot, Baby sait déjà que j'ai compris. Je ne la retiendrai pas, c'est son choix.

Baby reste quelques jours, continue de provoquer le personnel et est sévèrement sanctionnée. J'observe, je reçois en plein cœur toute cette énergie négative et reste impuissante devant tant de désarroi inavoué. Plus ces comportements se répètent et plus je me dis que j'ai eu raison de créer Caméléon. Nous répondons, même si c'est parfois difficile, à un cri d'alarme, à un réel besoin.

Un jour, Baby vient me trouver et exprime le souhait d'être réintégrée dans sa famille. Je suis touchée par sa démarche, et même si je ne pense pas que ce soit la meilleure chose à faire, sa vie étant en danger parce que son violeur est en cavale, je décide d'en parler aux assistantes sociales pour que nous organisions dans les règles une réinsertion anticipée. Pourtant je ne suis pas convaincue que ce soit le bon moment. Baby n'est pas prête, sa famille non plus, la communauté encore moins. Nous n'avons pas eu le temps, en six mois, de faire un travail efficace auprès de tous, mais nous ne pouvons pas non plus garder une adolescente contre son gré si les parents acceptent d'assumer leur entière responsabilité.

Je tiens absolument à parler au père, pour m'assurer qu'il s'occupera de sa fille, qu'il veillera à ce qu'elle aille à l'école et qu'il suivra de près le procès.

C'est le point le plus délicat, puisque le «porc» est son frère. Depuis que Baby est à Caméléon, nous nous sommes attelées à faire réviser la plainte pour requalifier l'attouchement en viol, car le médecin légiste certifie qu'il y a eu pénétration. L'oncle de Baby est donc poursuivi pour viol sur enfant de moins de douze ans (à l'époque des faits) et risque la peine de mort ou la prison à perpétuité.

Je sais que Baby est l'objet d'une énorme pression dans son village et dans sa famille. Elle est montrée du doigt, insultée et même bannie de tous. Pourquoi cette adolescente rebelle et mal élevée, qui ose dénoncer un bon père de famille, serait-elle la bienvenue ? D'ailleurs, elle est partie, pourquoi revient-elle déjà ? On ne veut pas d'elle ici ! C'est de sa faute si ses cousines et sa tante vivent misérablement et si la rumeur gangrène la communauté tout entière. Elle est la honte du village. Qu'elle reste là où elle est !

Le père me promet de veiller sur sa fille. Il signe les papiers de décharge et Baby prépare ses affaires. Elle quitte Caméléon heureuse, mais se jette dans mes bras pour me dire :

«Je t'aime, Manang Lolo, et je ne t'oublierai jamais. Merci pour ton aide et tes conseils. Merci...»

J'ai du mal à retenir mes larmes. J'ai plus souvent été confrontée à des climats de violence où il a fallu faire preuve de sang-froid. Là, c'est un tout autre sentiment qui traverse mon cœur et il m'est plus difficile de gérer mon émotion. Le personnel et les enfants m'observent, je ne dois pas montrer de signes de faiblesse ou d'attachement : ce ne serait ni professionnel, ni juste.

Pourtant, mon cœur a mal, j'ai l'impression d'avoir échoué, de ne pas être allée au bout de ma démarche avec Baby. Je déteste ce sentiment, car j'essaie toujours de faire le maximum en toutes circonstances. Cette situation m'échappe, je m'en veux.

Baby s'en va, je rentre dans ma chambre et je pleure.

Cute est la première à venir frapper à ma porte pour voir si je vais bien. Elle me connaît, elle sait à quel point je prends ma mission à cœur et combien j'aime ces enfants qui croisent ma route et que j'accompagne tant bien que mal.

« Manang Baby reviendra, Manang Lolo. Ne sois pas triste. »

J'ouvre la porte et Cute est là, accroupie à côté de Crapouille, ma fidèle chienne. Mes deux petits amours me réconfortent : c'est le monde à l'envers, mais, je l'avoue, je me sens un peu désemparée. Depuis le début de l'aventure Caméléon, je n'ai pas vraiment vécu d'échec. C'est peut-être un signe pour que je me pose quelques instants et que je réfléchisse sur ma façon d'être et d'agir avec les enfants. Je n'ai que vingt-cinq ans et il n'est pas facile de s'occuper d'adolescentes en difficulté et en pleine recherche d'identité et d'amour. J'apprends au jour le jour comment installer cette distance nécessaire à toute action objective et efficace. L'important est de pouvoir se sentir concernée par l'autre, par ses souffrances et être attentive à ses besoins, sans pour autant absorber ses angoisses et subir les conséquences de ses excès. Je sais tout cela, il s'agit maintenant de le mettre en pratique, et des moments forts comme celui que je viens de vivre avec Baby sont des points d'accroche dans cette longue ascension.

La petite frimousse de Cute est là pour me le rappeler. Elle était partie elle aussi à un moment où elle le devait, puisque maman Lourdes en avait décidé ainsi. Et puis elle est de nouveau là, devant moi, à me sourire et me prendre la main comme pour me guider vers le droit chemin, celui que je dois emprunter pour rejoindre d'autres enfants qui attendent en silence que l'on veuille bien les sortir de leur vie misérable et douloureuse.

Je regarde Cute avec tendresse et lui dis du bout des lèvres :

« Merci, Cute. »

Elle lève la tête et les sourcils, me regarde d'un air étonné et, après mûre réflexion d'une petite fille de six ans, me dit :

« Walang ano man » (de rien !).

Je sais qu'elle a compris toute la profondeur de mon « merci ».

L'ACTION COLLECTIVE, RENFORT DE L'INITIATIVE INDIVIDUELLE

L'histoire de Baby ressemble à celle des autres enfants, en ce sens qu'elle met en avant la faiblesse de la famille.

Depuis sa création, Caméléon concentre ses efforts tant sur l'enfant victime de maltraitance que sur la famille victime de la pauvreté et de l'ignorance. À la base, un manque d'éducation et des revenus en dessous du seuil de la dignité humaine. Des familles désemparées, disloquées, recomposées... Les sources de revenus sont principalement l'agriculture, la pêche, la blanchisserie, la conduite de tricycles et la vente de légumes. Elles restent insuffisantes.

Les cas que nous prenons en charge ne sont pas tous liés à l'inceste et lorsqu'il s'agit d'un viol commis par un voisin ou un employeur, les parents sont incapables d'aider leur enfant à retrouver un fonctionnement normal. C'est à ce moment précis que Caméléon doit intervenir, avant qu'il ne soit trop tard et que la dépression n'entraîne l'enfant au suicide ou dans la folie. Les parents sont reconnaissants pour l'aide à la scolarisation, car aucune famille n'a la capacité d'assumer pleinement les frais liés à la scolarité, notamment dans l'enseignement supérieur.

Au-delà de l'assistance éducative fournie à l'enfant, les assistantes sociales de Caméléon travaillent avec les familles sur le développement des valeurs morales et parentales, la formation professionnelle et l'accès aux soins de santé. Il s'agit de proposer aux parents des outils, afin qu'ils deviennent membres responsables, autonomes et productifs de la société.

Il n'est pas question de tomber dans l'assistanat, qui va à l'encontre de notre principe de développement. Ce type d'aide n'est pas sain et présente même de réels dangers : les familles risquent de réclamer sans cesse davantage, sans pour autant fournir l'effort nécessaire qui les sortira de la misère.

Nous ne sommes pas là « pour faire à la place de », mais seulement pour donner des outils qui permettront d'agir efficacement. Les formations permettent d'améliorer la capacité de décision des parents, leurs compétences dans l'organisation de micro-projets générateurs de revenus (couture, cuisine, agriculture, mécanique) ou d'accéder à un travail.

Nous tenons également à impliquer au maximum les autorités locales et les organisations partenaires, afin que chacun assume son rôle. Caméléon n'est pas là pour guérir tous les maux, ni pour se substituer aux instances défectueuses. Ainsi, certaines familles bénéficient d'une aide pour la mise à disposition d'un terrain et la reconstruction de leur maison en cas d'expulsion. Le partenariat ONG, OG et familles bénéficiaires assure la mise en œuvre transparente du projet. On retrouve le même schéma pour l'accès aux soins de santé ou encore en ce qui concerne le respect des droits de l'enfant.

Des ateliers de sensibilisation sur les législations protégeant les femmes et les enfants sont menés à l'initiative de Caméléon dans différentes écoles et *barangay* (quartiers) des villes de Passi et d'Iloilo. Des assemblées s'organisent sur le thème des violences faites aux femmes et aux enfants, sur les droits en matière de contraception, afin d'informer les femmes leaders des *barangay* et des municipalités.

Dans le même objectif, sous l'égide de Caméléon, un groupe de lycéennes utilise la danse et la poésie en mouvement comme moyen d'expression des droits de l'enfant. Ce groupe se produit régulièrement lors des interventions de prévention effectuées par l'association dans les établissements scolaires de la région. Nous avons invité un étudiant, membre de la Fondation des enfants chrétiens et ayant représenté les Philippines à la Conférence des Nations unies sur les droits de l'enfant à New York, à participer à certains ateliers.

Afin d'étendre la portée de son action et de mobiliser différents soutiens, Caméléon forme un réseau avec le Centre régional de ressources sur l'égalité homme/femme (UGSAD), l'université, les OG, les ONG et les médias de la Région 6. Les organisations membres s'engagent à mener des actions de prévention et à fournir une assistance technique au personnel.

Caméléon est parvenu à faire adopter un Code des enfants dans la ville de Passi et fait pression pour que ce même code soit suivi dans la municipalité voisine de San Enrique.

Nous sommes persuadés que le succès de nos programmes dépend pour beaucoup de la coopération et la collaboration avec les différents partenaires impliqués. Dans le domaine des droits de l'enfant, cette démarche de mise en réseau avec les professionnels locaux fait aujourd'hui partie de toutes les activités majeures de l'association : éducation, prise de conscience et information du public. Ce n'est qu'en réunissant nos forces, nos contacts et nos moyens d'action que nous réussirons à faire bouger les choses, à informer le public des lois existantes et à lutter contre la corruption. Telle est notre mission et nous la menons à bien avec beaucoup de conviction et de motivation, malgré les difficultés, les tentatives de corruption et les menaces.

Coordinatrice régionale

L'association se développe petit à petit et les filles placées à Caméléon par les services sociaux sont de plus en plus nombreuses. Je suis continuellement à la recherche de financements et j'ai la lourde responsabilité de faire vivre tout ce petit monde au quotidien et de rémunérer le personnel philippin. Il est difficile de mobiliser des fonds lorsque l'on habite au milieu de la forêt, mais nous avons la chance d'avoir des partenaires fidèles et confiants. Certains font le déplacement et je suis toujours ravie de les accueillir sur le terrain, dans la grande famille Caméléon. Les filles sont les meilleures ambassadrices pour parler de l'association et il est important pour leurs parrains comme pour nos mécènes de plonger au cœur d'une réalité que je ne cesse de décrire dans mes rapports ou lors des conférences que je donne chaque année.

Deux ans après la création de Caméléon, il me faut stabiliser ma situation pour pouvoir agir et travailler plus efficacement, sans avoir à me soucier du quotidien. Heureusement, comme souvent dans ma vie, un ange gardien me montre le chemin et m'ouvre les portes. Au moment où j'en ai le plus besoin, une opportunité d'emploi s'offre à moi.

M. Rolin, président d'ERDA Belgique, m'aide depuis les débuts de Caméléon. Il sait à quel point j'admire le père Tritz et apprécie, je pense, ma détermination à accomplir ce que je crois bon et utile. Grâce à lui, j'obtiens non seulement une aide du gouvernement belge pour nos programmes aux Philippines, mais également la possibilité de travailler pour une ONG belge appelée VIC (Vlaams Internationaal Centrum), dont les subsides proviennent du ministère de la Coopération belge.

Tout en assumant mon rôle au sein de Caméléon, j'assure la fonction de coordinatrice régionale du VIC. Mon travail consiste à coordonner l'ensemble des projets qu'il finance aux Philippines, tant au niveau des actions mises en œuvre sur le terrain que de l'utilisation des fonds. Le programme concerne l'aide aux enfants des rues, terme générique qui englobe les enfants chiffonniers, les enfants abusés, les enfants en prison et même les enfants lépreux. Je coordonne neuf projets créés et gérés par cinq ONG locales :

– ERDA (Education Research and Development Assistance),

– FAHAN (Foundation for the Assistance to Hansenites),

– ASAP (Albert Schweitzer Association Philippines),

– IJWA (Iloilo Juvenile Welfare Association),

– Caméléon.

Je suis très honorée que l'on ait pensé à moi pour ce travail, car je ne suis pas belge et de nombreux candidats postulaient sans doute. Je mène donc ma tâche avec beaucoup de cœur et de sérieux. Pour autant, ma position est délicate. Je suis jeune et n'oublie pas que « mes débuts » aux Philippines se sont faits à la Fondation ERDA. Me voici à présent coordinatrice de trois projets d'ERDA, dont celui de SABANA, que je connais bien pour avoir été bénévole sur la Montagne fumante. On me dit que mon rôle n'est pas de contrôler mais de coordonner : la nuance est parfois subtile et pas toujours comprise des Philippins. À moi de faire mes preuves et de travailler main dans la main avec ceux que j'admire et qui m'ont tout appris.

Je suis basée à Iloilo, mais je me rends à Manille tous les mois pour des missions ponctuelles de suivi et d'évaluation. Je prends beaucoup de plaisir à travailler à la mise en réseau de ces ONG partenaires. Elles ont en commun de reconnaître le statut de l'enfant victime et de défendre ses droits en éduquant parents et autorités publiques, et en faisant appliquer la loi pour le protéger. Même si l'adolescent est délinquant, il y a toujours une raison à cela et c'est très souvent la faim, l'abus ou l'abandon. Il faut l'aider.

Je rentre en France une fois par an, à Noël, pour voir ma famille, car aux Philippines, tout est bloqué en cette période de grande fête catholique. Même si cette visite est d'à peine un mois, elle est importante pour mon équilibre et nécessaire pour l'association. Évidemment, mon tour de France et même d'Europe n'a rien d'un circuit touristique, bien au contraire. Je multiplie les rendez-vous avec les partenaires, je présente nos rapports annuels, je donne des conférences, montre des photos, des vidéos et je vais à la recherche de nouveaux parrains.

Ces rendez-vous m'obligent à une course chronomètre en main, car je ne dispose que de vingt-quatre jours par an de «permission de sortie» du territoire philippin. C'est écrit dans mon contrat de travail pour le VIC.

Faute de temps, je dois me plier à un rythme soutenu. Entre deux réunions, je tente de voir mes amis et, curieusement, cette situation me stresse. J'ai l'impression de vivre constamment dans l'urgence, même lorsque je suis censée me reposer un peu en France. Comment expliquer ce sentiment de «trop peu» sans se sentir frustrée ? J'enchaîne les rendez-vous avec mes amis comme j'enchaîne mes rendez-vous professionnels. Je suis prise à mon propre piège. Cela ne me ressemble pas de voir ceux que j'aime attendre leur tour pour avoir un moment privilégié avec moi et j'en éprouve une certaine tristesse. Je vis assez mal ce constat et suis consciente de mettre une fois de plus ma vie personnelle entre parenthèses. J'espère que cela ne durera qu'un temps. Il le faut, d'ailleurs, pour ne pas perdre l'équilibre qui me fait avancer droit.

Les fêtes de Noël filent à une vitesse incroyable. J'ai à peine le temps de voir ma famille que je dois déjà repartir. Cela me fait penser à ces enfants de divorcés qui passent de leur mère à leur père chaque weekend. Je suis de nouveau à l'aéroport Charles-de-Gaulle et ma grand-mère agite son fameux mouchoir. Un petit rituel... elle sait qu'elle ne me reverra pas avant un an. Moi aussi, je le sais...

Je retourne à la case départ pour un cycle complet. Encore une année, puis deux, puis trois, à batailler pour que des enfants retrouvent le sourire et que mon équipe s'approprie enfin le projet Caméléon. Je veux qu'ils sentent que ce projet que nous avons mis ensemble sur pied est le leur. Tant qu'ils n'auront pas envie de le porter et de le défendre comme si c'était leur enfant, je ne pourrai pas quitter les Philippines. Je ne veux pas être indispensable sur place, car ce serait aller à l'encontre de la définition que je me fais du développement.

J'atterris à Manille et après ce «long» voyage en Europe, j'en profite pour aller voir les ONG partenaires. Je leur fais part des observations du VIC et des lignes directrices imposées par le gouvernement belge pour cette année. Alors que je suis en pleine réunion, mon portable sonne. Je ne connais pas le numéro qui s'affiche mais je réponds toujours, parce qu'en cas d'urgence au centre, je dois être joignable à tout moment.

«Allô ! Manang Lolo ? c'est Baby.»

Surprise, je me lève précipitamment, m'excuse et sors de la salle pour m'assurer que tout va bien pour Baby.

« Bonjour Baby ! Que se passe-t-il ? Est-ce que tout va bien ?

– Oui, Manang, ne t'inquiète pas, je voulais juste te dire que j'étais à Manille. »

Je reste sans voix et Baby enchaîne :

« J'ai appelé au centre et ils m'ont dit que tu étais à Manille, alors je suis venue ! Est-ce qu'on peut se voir ? »

Que lui répondre ? Je suis devant le fait accompli et mes sentiments sont mitigés. Je suis très heureuse de savoir qu'elle va bien et impatiente de la revoir, car j'étais inquiète, le mois dernier, lorsqu'elle a quitté le centre ; mais, en même temps, je m'interroge quant à mon rôle et ses limites dans le suivi des enfants. Je ne suis pas assistante sociale, je suis la directrice et je reste une étrangère dans ce pays. Je sais que je prends des risques en m'occupant personnellement un peu plus de Cute, d'Onyok et maintenant de Baby. Dans ce pays où les rumeurs vont bon train et peuvent vous détruire en quelques minutes, il faut être vigilant et je ne tiens pas à ce que mes retrouvailles avec Baby à Manille soient mal interprétées. Je me sens piégée et vis mal cette situation, alors que tout pourrait être très simple.

D'ailleurs, pour Baby, c'est très simple. Elle a su que j'étais à Manille, elle avait pris soin de noter mon numéro de portable avant de quitter Caméléon, elle avait envie de me revoir et, spontanément, elle est venue. Elle n'a certainement pas pensé aux conséquences de son acte. J'hésite à la revoir, mais finalement j'accepte, pour éviter de l'attrister : elle ne comprendrait pas mon refus. Les rumeurs, elle en subit tous les jours et passe outre. Pour moi, c'est une autre histoire, compte tenu de mon statut, mais puisqu'elle ne fait plus partie de Caméléon, je ne vois pas en quoi ce peut être un problème.

Baby semble en forme, mais plus que jamais à la recherche d'un lien, d'une attache, d'une épaule. L'autorité et l'amour parental dont elle a manqué. Je ne sais pas si je suis la bonne personne pour combler ce manque, cela va même à l'encontre de mon éthique professionnelle, mais Baby est là et compte sur moi pour l'aider. Je ne peux pas faire autrement.

UN PEU PLUS QU'UNE MARRAINE

Onyok, Cute, Gerlie et Baby. Il semble que je sois prédestinée à croiser la route d'enfants dans le besoin. Pourquoi est-ce vers moi qu'ils se tournent ? Est-ce simplement parce que je suis étrangère et que je les fais rêver ou est-ce parce que nous avons des affinités ? Je me conforte en me disant que la seconde raison est la bonne et prends mon rôle de « marraine » très à cœur.

Je suis parvenue à envoyer Onyok, Cute et Gerlie à l'école tout en étant encore étudiante, alors je saurai m'occuper de Baby maintenant que je travaille et que j'ai un salaire.

Et puis j'ai des raisons d'être motivée : mes filleuls sont de brillants élèves !

Onyok

Il a rattrapé ses quatre ans de retard et a passé ses examens avec succès. Il termine ses études supérieures et choisit de se lancer dans une carrière militaire. Lui qui était si timide et renfermé, le voilà à présent en charge d'une troupe de jeunes officiers. Il est beau dans son uniforme kaki et blanc. Un vrai petit homme. Comme je suis fière de lui !

Onyok a toujours été un garçon très sérieux et je n'ai jamais eu à le réprimander, sinon lorsqu'il n'osait pas dire les choses ou pleurait pour un rien.

Ce soir, c'est la remise officielle de son diplôme. Comme à chaque occasion importante de sa vie, ses parents sont absents. Alors, Onyok se raccroche à ma présence. Je sais à quel point elle lui est indispensable.

Je lui remets sa médaille. Il se redresse et bombe le torse. Je crois que c'est la première fois que je le vois aussi heureux et fier de ce qu'il a accompli. Je suis émue tout autant que lui et me contrôle pour ne pas verser une petite larme. Tout le monde le félicite et je m'éloigne un peu pour le laisser savourer ce beau moment qu'il ne doit qu'à lui-même.

Mais à peine me suis-je détachée qu'il me cherche du regard... comme s'il avait peur que je ne parte. On dirait qu'il a quelque chose à me dire. D'un pas hésitant, il s'approche de moi.

« Manang, je voudrais te présenter ma petite amie. »

Une jeune fille très mignonne et bien élevée me salue. Je lui serre chaleureusement la main et lui dis que je suis ravie de faire sa connaissance. Comme je suis heureuse qu'Onyok ait enfin une petite copine ! C'est le signe qu'il va mieux, qu'il prend confiance en lui et s'ouvre aux autres. Le signe, aussi, que son cœur bat normalement, sans entraîner de gros sanglots ou une violence qui ne lui ressemble pas.

Il ajoute immédiatement, comme pour me rassurer :
« Elle fait des études d'infirmière, tu sais ! »

Mon filleul, que j'ai connu maigre et apeuré, se

donne enfin le droit de devenir un homme. Il me présente sa copine d'une façon tellement solennelle que j'ai l'impression d'être sa maman. C'est comme s'il me demandait la permission de tomber amoureux. Ils sont mignons, tous les deux, et semblent s'aimer. Ils ont ma bénédiction et Onyok est soulagé.

Dès demain, Onyok part en mission. C'est le métier et la vie qu'il a choisis. Il est temps qu'il vole de ses propres ailes...

Gerlie

Elle aussi a bien grandi. Elle a terminé ses études de secrétariat comptable et s'est débrouillée comme un chef pour trouver un emploi. Elle a même osé quitter sa campagne pour tenter sa chance à Manille. Elle travaille dans le service administratif d'une usine de téléphones portables et peut ainsi aider sa famille. Grâce à l'argent qu'elle envoie chaque mois à ses parents, ils ont pu construire une maison en matériaux durs et améliorer leurs conditions de vie. Le frère cadet de Gerlie est tombé gravement malade et a dû être hospitalisé pendant plus d'un mois. Il est à présent rentré chez lui, mais il doit suivre un traitement lourd et onéreux. En prenant en charge les frais médicaux, Gerlie a sauvé la vie de son frère. Elle est, comme elle l'a toujours été, la petite princesse de son papa, et elle fait preuve de courage, comme sa mère. Je suis tellement fière de ma filleule qui a saisi la chance que je lui donnais d'aller à l'école et qui a fait tous les efforts possibles pour s'en sortir et aider les siens !

Elle a aujourd'hui presque vingt-cinq ans. Elle m'appelle sur mon portable et demande à me voir lors d'une de mes missions à Manille. Quelque chose de très important se prépare, me dit-elle. Je ne suis pas habituée à ce qu'elle prenne ce ton grave, alors je lui donne rendez-vous dans la journée.

Je vois Gerlie arriver avec un jeune homme et cela me rappelle un certain soir avec Onyok et sa petite amie. Je fais mine de ne pas comprendre et attends que Gerlie s'exprime. Elle est embarrassée, un peu intimidée.

« Manang, je te présente mon petit ami, Steven. »

Le jeune homme s'avance et, avant même que j'aie pu lui serrer la main, me dit fébrilement :

« Puis-je vous demander l'autorisation de me marier avec Gerliee ? »

Je suis tellement surprise que je reste sans voix. Je regarde ma filleule, qui hoche la tête comme si elle voulait me faire comprendre que ce que je viens d'entendre est normal... qu'il n'y a pas de raison de s'inquiéter. En vérité, je fais entièrement confiance à Gerlie sur le choix de ses fréquentations, mais je suis très étonnée que le jeune homme me demande, à moi, la main de Gerlie.

Gerlie a des parents unis et qui l'aiment. Leur seule limite est la pauvreté. Ils ne peuvent pas soutenir leur fille financièrement et au moment crucial où Gerlie a eu besoin d'eux, ils n'ont pas pu l'aider. C'est moi qui ai pris en charge ses études, qui lui ai apporté des conseils pour réussir dans la vie et sa gratitude est immense. C'est souvent le cas, aux Philippines, lorsque l'on aide une personne qui est honnête. Elle vous est reconnaissante pour la vie.

Gerlie considère qu'elle doit me demander l'autorisation de se marier, et qui plus est avec ce garçon qui est là, devant moi, à attendre mon verdict. La situation est embarrassante, tant pour eux que pour moi. Je suis heureuse que Gerlie soit amoureuse et le fait qu'elle souhaite fonder une famille à son âge est tout à fait normal. C'est même encourageant.

Pour autant, je ne connais pas Steven et je ne peux pas juger en un clin d'œil s'il est ou non un garçon sérieux et responsable. Tout ce que je souhaite, c'est le bonheur de Gerlie, car c'est une jeune fille méritante. Je m'entretiens avec Steven quelques instants pour lui faire bien comprendre que l'engagement marital n'est pas à prendre à la légère et que je compte sur lui pour protéger Gerlie et l'aimer. Je réalise que j'ai du mal à laisser Gerlie prendre son envol, de peur qu'elle ne tombe... et pourtant, je ne suis pas sa mère !

Cute

Cute, heureusement, est plus jeune et ses préoccupations sont tout autres. En fait, son principal souci, et cela depuis qu'elle est toute petite, c'est moi ! C'est intrigant de voir les rôles ainsi inversés. Cute a vu mes débuts en bidonville et c'est elle qui m'a appris à faire ma lessive à la main et à parler le dialecte local. Elle est toujours là pour me réconforter. C'est un petit ange qui veille sur moi depuis huit ans déjà. Cette enfant m'impressionne. Elle a une telle force de caractère que rien ne semble l'affecter, sinon le fait de perdre la face... déjà à cet âge ! Sa fierté est haut placée. Je me souviens de ce jour où elle jouait devant moi à courir dans tous les sens avec d'autres petites filles, et puis « boum ! », elle tombe la tête la première et s'ouvre une arcade sourcilière. Je me précipite pour la relever lorsque je vois couler du sang le long de sa tempe. Elle ne pleure pas. J'ai l'impression qu'elle est insensible à la douleur et qu'elle a déjà dû tomber des centaines de fois dans la rue. À quoi ça sert de pleurer lorsque personne n'est là pour vous soigner, vous réconforter, vous câliner ? Cute se redresse seule et regarde les autres enfants qui, voyant que le danger est écarté, rigolent de sa chute.

« Ha, ha, ha ! Tu es tombée, t'as perdu ! »

Cute leur lance un regard noir, que je croise par inadvertance et qui en dit long sur son ressenti. Elle n'accepte pas de perdre et encore moins que l'on se moque d'elle. Elle se met à hurler et pleure de colère. Je la prends dans mes bras et tente de la calmer, mais il n'y a rien à faire : elle nous en veut à tous. Les autres filles rient de plus belle de la voir piquer ainsi une colère hystérique et je leur dis de cesser de la provoquer parce que je m'inquiète pour la plaie. L'arcade est bien ouverte et je ne peux pas laisser le sang pisser. J'emmène Cute à l'infirmerie et me transforme en médecin. J'applique du Stéristrip, à défaut de pouvoir recoudre, et stoppe l'hémorragie. Cute se calme. Elle ne bouge pas, elle me laisse faire, en toute confiance et malgré la douleur. C'est comme si elle prenait plaisir à avoir mal pour que je prenne soin d'elle. Le pansement est terminé. Tout rentre dans l'ordre.

Avec Cute, on a toujours l'impression qu'elle maîtrise la situation. Comme ce jour où elle se dispute avec Lovely, cinq ans, et finit par lui donner un coup de pied. Lovely pleure et Ellien intervient pour discipliner Cute.

« Pourquoi as-tu donné un coup de pied à Lovely ? Tu veux que je t'en donne un, moi aussi ? Comme ça, tu vas voir comment ça fait ! »

Ellien donne un petit coup de pied sur les fesses de Cute, qui sourit alors et dit à Ellien d'un ton fier et ironique :

« Même pas mal !

– Tu en veux un autre ? » rétorque Ellien, agacée par l'arrogance de Cute.

– Comme tu veux... de toute façon, tes pieds sont tout petits, alors ça ne fait pas mal ! Par contre, si c'est Manang Lolo qui m'en donne un, alors là, oui, ça fera mal. Tu as vu ses pieds ? »

Ellien ne peut garder son sérieux, malgré l'insolence

de Cute, et me laisse régler l'affaire... moi qui ai plus d'autorité, puisque j'ai des grands pieds !

Heureusement qu'il n'y en a qu'une comme Cute, parce que nous aurions du fil à retordre en matière de discipline au centre. Pourtant, derrière ce caractère bien trempé se cache une jolie petite fille qui devient grande... les années passant.

Cute vit avec Ellien et moi depuis six ans déjà. Nous l'avons élevée et n'oublions pas pour autant le but de l'association : réintégrer l'enfant dans sa famille. Cute est très attachée à ses racines familiales, même si elle s'adapte parfaitement à la vie au centre. Maman Lourdes aime sa petite fille et il est temps pour Cute de retrouver le foyer familial. Durant ces dernières années, Caméléon a veillé à ce que la famille de Cute ait un toit et à ce que les parents travaillent pour pouvoir subvenir aux besoins de leurs nombreux enfants. Certains ont été placés chez leurs oncles et tantes, l'aînée travaille et les plus petits sont avec les parents. Un des frères de Cute, à seulement onze ans, est en centre de réhabilitation pour avoir poignardé un camarade de classe qui se moquait de lui parce qu'il était... maigre. Pauvre petit gamin qui n'a rien à manger à la maison et fait l'objet de moqueries en classe ! Blessé et pris de colère face à cette insulte, il a voulu se venger et a tué. Il est à présent puni pour un crime qui l'enfonce encore un peu plus dans la délinquance.

Grâce à son passage à Caméléon et à la bienveillance du personnel encadrant, Cute est à l'abri de ces risques. Elle va à l'école et prépare son avenir. Elle rattrape son retard et, malgré ses résultats scolaires moyens, la voilà déjà au collège.

C'est le jour de la réintégration. J'ai la gorge serrée de la voir partir, mais son sourire me porte. Il en dit long et je comprends le message que Cute me fait passer.

«T'inquiète pas, Manang Lolo... tout ira bien.»

Cute, fidèle à elle-même, ne pleure pas. Elle sourit même, la tête haute, et prend sa maman par la main. C'est comme si c'était elle qui lui disait : «Viens, maman, on rentre à la maison !»

Je suis très fière de Cute et, pour la première fois, je suis fière de moi et j'ose le dire. Cute a vécu plus de six ans avec moi et j'ai su faire la part des choses pour m'en occuper comme des autres enfants de Caméléon. Pas de favoritisme, pas de traitement particulier et une réintégration réussie, sans larmes et sans regrets. Il est très difficile de ne pas s'attacher à ces enfants en quête d'amour, puis de s'en détacher le temps venu. Toute la subtilité de notre travail est de savoir intervenir au moment précis où l'enfant a besoin de nous et de s'effacer à temps pour laisser aux parents leur rôle essentiel. Il n'est pas question de se substituer à ces hommes et femmes qui, certes, ne sont pas parfaits, mais qui ont ce lien de sang avec l'enfant qu'ils ont mis au monde et qu'ils doivent protéger et aimer. Une institution telle que la nôtre ne peut être qu'une solution temporaire en cas d'urgence pour sauvegarder l'enfant et donner les moyens de se reconstruire à la famille.

«Au revoir, Cute, et à très bientôt... tu sais que ta Manang Lolo t'aime et sera toujours là si tu as besoin d'elle. Au revoir, Maman Lourdes, prends bien soin de ta petite fille qui t'aime plus que tout. »

Cute s'éloigne en tenant par la main sa maman et sa petite sœur. Elle mène la marche. Je la reconnais bien là !

Baby

Baby, comme Cute, a besoin d'attention, mais en acceptant de m'occuper d'elle, je sais que la tâche sera difficile tant la personnalité de cette adolescente est complexe et les traumatismes profonds.

Baby est très instable et depuis l'abandon de sa mère et l'inceste subi durant son enfance, elle ressent beaucoup de haine et de révolte vis-à-vis de toute forme d'autorité. Elle se raccroche à moi comme à une bouée de sauvetage et sait que si elle lâche, elle coule à pic.

Cette image lui plaît, parce que Baby ne cesse de provoquer, de tester, de pousser à la limite, quitte à mettre sa vie en danger, comme si celle-ci n'avait pas d'importance, comme si elle n'avait plus rien à perdre.

Le danger, c'est que Baby prend du plaisir à avoir mal. Elle se mutile pour oublier sa douleur psychique. Elle est capable de se blesser volontairement, physiquement comme moralement, pour attirer l'attention et pour que l'on prenne soin d'elle.

Tout en sachant cela, je plonge dans le piège parce que je ne peux pas fermer les yeux sur sa détresse, au risque de me mettre moi-même en danger.

C'est une énorme responsabilité que de donner l'espoir à une enfant de la sauver et je me demande souvent si j'ai le droit de le faire. Il faut simplement que je me donne une limite : celle de ne pas faire souffrir d'autres enfants dans le choix de mes actions.

« Baby, je vais t'aider, mais si tu ne t'aides pas toi-même, nous n'arriverons à rien ensemble. Est-ce que tu comprends ?

– Hu-o, Manang, promise (« Oui, Manang, promis »).

– Ne promets pas, Baby, fais juste de ton mieux... »

« MOMMY »

C'est à la veille de la rentrée scolaire que je commence à me consacrer pleinement et exclusivement à Baby, à son éducation, à son équilibre, à sa survie. Il y a presque toujours un moment, dans l'action humanitaire où, plongé loin des siens dans un univers étranger et souvent hostile, on se trouve confronté au vertige du dérapage. On en vient à oublier provisoirement les règles et les garde-fous qui doivent nous protéger, nous et nos associations, face à la tentation de se consacrer à un seul cas et d'en faire à la fois le symbole personnel de notre engagement et le porte-drapeau de notre réussite.

L'action humanitaire suppose une bonne part de générosité et de dévouement envers ceux auxquels, de proche en proche, on finit forcément par s'attacher.

Se protéger de cette inclination est impossible. Mais ne pas franchir le pas qui sépare l'engagement du moment d'égarement, fût-il porté par le plus sincère des altruismes, exige énormément de sérénité, de sagesse, d'expérience. Ce recul sur soi impose aussi d'être en harmonie avec soi-même et de ne pas transposer ses propres problèmes dans les actions entreprises. J'ai beaucoup appris en étant aspirée par la spirale dans laquelle m'a entraînée Baby. Mais comment pouvais-je, à l'époque, résister à l'amour d'une gamine perdue ? Parfois trop d'amour.

Il a donc été convenu que Baby devait se montrer responsable et faire ses preuves. Elle a souhaité que je l'aide à terminer ses études, prétextant que ses parents ne se souciaient pas de son avenir et qu'ils n'avaient pas les moyens de l'envoyer au collège. Quoi qu'il en soit, son environnement familial ne me semble pas suffisamment sain et, du fait de la présence de son oncle dans le village, je suggère à Baby de l'inscrire à l'école d'Iloilo et de prendre en charge la location d'une chambre d'étudiante. Cette proposition n'enchante pas Baby : elle espérait certainement que je lui ouvre les portes de ma maison, mais j'ai refusé. J'ai conscience des limites que l'éthique et la loi m'imposent. Baby est mineure et n'est pas légalement abandonnée. Son placement chez moi, adulte, étrangère et sans liens de parenté directs, serait donc illégal.

Pendant les premières semaines, Baby poursuit normalement sa scolarité. Sachant par expérience qu'il est capital de retisser des liens familiaux et de réparer les erreurs du passé, je demande à son père de lui rendre régulièrement visite. Baby affiche cependant une rancune tenace vis-à-vis de ses parents qu'elle accuse de l'avoir abandonnée aux mains de son oncle. Je sais le traumatisme profond et ancré très loin dans la petite enfance.

À l'issue du premier trimestre, les résultats de Baby sont décevants : beaucoup trop d'absences, trop de devoirs non rendus. Je suis convoquée par le professeur, qui confirme mon appréhension : Baby ne travaille pas suffisamment. Sur le chemin du retour, j'essaie de la sermonner :

« Souviens-toi, Baby... si tu ne fais pas d'efforts pour t'en sortir, je ne pourrai rien faire pour toi, tu le sais... Alors, montre-moi de quoi tu es capable. »

Elle me répond :

« Yes, Manang. »

Mais, avant qu'elle ne baisse la tête, j'ai eu le temps d'entrevoir un petit sourire en coin qui ne présage rien de bon. Est-elle en train d'essayer de me manipuler, moi aussi ?

L'ayant raccompagnée dans sa chambre, je m'assure qu'elle ne manque de rien pour étudier dans de bonnes conditions. Mais la propriétaire frappe à la porte, nous interrompt et demande à me parler seule à seule.

« Ma chaîne en or a disparu, me confie-t-elle, et je soupçonne Baby de me l'avoir volée. »

L'accusation ne me surprend qu'à moitié. Pour l'avoir surprise, alors qu'elle était à Caméléon, à dérober les affaires de ses camarades et à voler dans les magasins, je sais que Baby est kleptomane. Tout en feignant la surprise et en demandant quelques précisions, je n'ai qu'une hâte : retrouver Baby et lui demander où elle a caché le collier. Je promets donc à la propriétaire de faire le point avec Baby et de revenir vers elle rapidement. Évidemment, Baby refuse d'avouer sous le feu roulant de mes questions et, comme je manque de preuves, mes possibilités d'action demeurent limitées. Mais je sais aussi que si je ne trouve pas le moyen de les anticiper rapidement, de tels incidents risquent de se reproduire.

Je ne me trompe pas. Quelques mois plus tard, Baby réitère ses absences à l'école et vole de nouveau la propriétaire de sa chambre. La sanction, logique, est immédiate : Baby est expulsée. Personne ne m'en ayant informée, la voilà de nouveau seule et en situation d'échec, errant la nuit, à la recherche d'un toit et d'un peu d'amour. Elle n'ose pas frapper. Mais je la retrouve, au petit matin, recroquevillée, endormie sur le palier.

Je comprends qu'elle veut me témoigner sa confiance et son amour en recherchant ma présence à chaque moment difficile de sa vie, mais je me refuse encore à être sa bouffée d'oxygène, cet ultime espoir auquel elle pourrait se raccrocher quand rien ne va plus. J'aimerais qu'elle réalise elle-même les efforts indispensables pour sortir de ce cercle vicieux dans lequel elle évolue depuis sa petite enfance.

Cette fois encore, le même scénario s'est reproduit : comme pour se punir d'avoir mal agi, Baby tente de se détruire, et pire, elle y trouve sans doute du plaisir. Malgré ses promesses et les encouragements, elle ne termine pas ce qu'elle entreprend.. Plus rien n'a d'importance à ses yeux, sauf peut-être le vol, qui semble lui procurer une certaine excitation. La kleptomanie est un symptôme répandu chez les enfants victimes d'abus sexuels. Baby dérobe tout ce qui lui tombe sous la main, quelle qu'en soit la valeur. Exacerbé par le risque encouru, le plaisir de voler l'entraîne dans une véritable dépendance.

Nombre de psychologues considèrent la kleptomanie comme un substitut à la vie sexuelle. La recherche du plaisir par la pratique d'une activité secrète et interdite servirait à pallier un manque ou un dérèglement de la sexualité. La jouissance qu'éprouve Baby à l'instant précis du vol est fugace, mais intense, et contribue certainement à aggraver sa culpabilité. D'ailleurs, elle s'engage toujours à ne plus recommencer. Mais le besoin est si fort qu'elle ne peut s'empêcher de récidiver.

Quand j'informe la famille de Baby de ce qui vient d'arriver, son père débarque aussitôt dans la chambre, hors de lui, et en l'abreuvant d'insultes. Et comme elle lui fait face avec aplomb, il n'hésite pas, malgré ma présence, à la frapper d'un coup de ceinture.

« C'est tout ce que tu mérites, espèce de p... ! »

Mais avant que je puisse intervenir, il se retient pour ne pas aller plus loin. Son bras retombe. Il tourne les talons, sans doute impuissant et coupable face à la détresse de son enfant. Plutôt que d'assumer son rôle de père, il a depuis longtemps choisi l'alcool et une violence qui lui permet de ne pas perdre la face. Son « Merci, Lolo », qu'il me lance en quittant la pièce, en dit long sur son désarroi. Il ne dispose pas des armes nécessaires pour se défendre, ni des conséquences du passé, ni du regard accusateur de sa fille qu'il aime tant.

Une fois le père sorti, la rébellion de Baby laisse place à des flots de larmes qui trahissent son chagrin et ses blessures de petite fille.

Baby a tellement besoin d'aide, besoin qu'on la comprenne et qu'on soit sensible à son cri d'alarme, qu'insensiblement je deviens, à mon insu, totalement dépendante de la satisfaction de sa demande, sans encore comprendre jusqu'où ce comportement presque irrationnel peut et va me conduire...

Je prends donc l'initiative de l'inscrire, en milieu d'année, dans une autre école publique. Je lui trouve un nouveau logement et je l'y installe. Plutôt que d'exiger d'elle des engagements que je la sais incapable de tenir, je préfère me convaincre qu'elle ne va plus créer d'incidents. Je me porte donc caution, tant financièrement que moralement, sans pouvoir ignorer qu'à chaque nouveau scandale, c'est mon nom qui sera éclaboussé et, par ricochet, l'image de l'association Caméléon. Même les rappels à l'ordre du personnel et du conseil d'administration philippin de Caméléon ne parviennent pas à me faire renoncer.

Je tente, une fois de plus, de convaincre Baby :

« Baby, tu as tout maintenant pour réussir, alors prends ta chance et fais de ton mieux pour aller de l'avant. Ne vis pas dans le passé. Tu as seize ans et il est temps de construire ton avenir. D'accord ? »

Même si elle comprend parfaitement le sens de mes encouragements, Baby ne parvient pas à modifier son comportement. Les mêmes causes reproduisent invariablement les mêmes effets : en un an, je me vois forcée de la changer quatre fois d'établissement scolaire et quatre fois de chambre...

Les petits vols ou bagarres dans lesquels elle est impliquée la conduisent régulièrement au poste de police, où elle doit s'expliquer et rendre ce qu'elle a volé. À défaut de trouver ses parents, la police m'appelle systématiquement. Elle connaît son passé et, le plus souvent, elle comprend mon engagement à voir la justice désigner plutôt Baby comme une victime que comme une coupable. Le processus est bien en cours, mais le système judiciaire est si lent que je ne sais plus moi-même si Baby aura un jour gain de cause. De plus, Baby se révèle inconstante dans ses propos devant le juge, elle ne se rend pas toujours aux convocations et le mandat d'arrêt lancé contre le « porc » n'a pas l'effet escompté. Que peut-on espérer dans ces conditions ?

La maladie

Lorsque Baby était à Caméléon, la pédopsychiatre avait diagnostiqué une dépression grave à tendances suicidaires. Elle avait prescrit un traitement à long terme, que Baby n'avait pas suivi régulièrement : elle dissimulait les médicaments sous sa langue pour mieux les recracher ensuite.

Forte de cette constatation, je parviens à la convaincre d'aller voir une autre pédopsychiatre pour l'aider à identifier et à résoudre ce qui la fait souffrir au point de vouloir mettre fin à ses jours.

J'apprends ainsi que Baby, outre la dépression, souffre de symptômes « *borderline* ». On m'explique que cet « état limite » (pathologie surtout mise en avant par les psychiatres anglo-saxons) se situe entre névrose et psychose et se caractérise par une impulsivité doublée d'une instabilité des relations interpersonnelles, alors que le comportement semble globalement normal. Les troubles manifestés par Baby, ses humeurs changeantes, la complexité de ses relations humaines, son manque de confiance, son irritabilité, son anxiété et ses comportements auto-agressifs seraient donc liés à cette maladie. À nous maintenant de voir comment l'aider au mieux. Mais plusieurs obstacles s'opposent à cette démarche.

Le premier tient au fait que sa famille ne lui pardonne pas ses colères et ses excès. Excédée par ses provocations incessantes envers le voisinage, elle a fini par la rejeter et lui a demandé de partir. C'est ainsi que Baby s'est retrouvée chez moi, persuadée que je lui ouvrirai mon cœur.

Le second tient au fait que Baby consomme du *shabu*, (drogue chimique locale qui détruit de façon rapide et irréversible les centres nerveux), boit trop d'alcool et s'entoure mal. Baby est excessive en tout et n'hésite pas à mettre sa vie en danger comme si, après avoir connu le pire, rien ne pouvait plus lui arriver. Elle n'a de surcroît aucune forme de respect pour son corps. Elle ne connaît aucune limite en dehors, peut-être, de sa propre mort.

Il me devient de plus en plus difficile de l'aider dans ces conditions, de suivre sa logique ou de partager son univers sans me mettre en danger personnellement et sans menacer l'image de l'association. Et pourtant, l'attachement que j'éprouve pour cette gamine m'impose une obligation, une nécessité devenue maintenant presque irrationnelle. Je me surprends à courir des risques insensés en allant la tirer de situations de détresse dans lesquelles elle se plonge elle-même.

Car je suis une étrangère et, bien évidemment, je ne passe pas inaperçue quand j'arpente les quartiers mal famés. Mon activité à Caméléon, qui pousse à traîner dealers, pédophiles et souteneurs en prison, est parfaitement connue de la pègre locale. Le fait de m'aventurer dans les quartiers «chauds» pour y retrouver Baby est d'autant plus dangereux et j'en mesure pleinement les conséquences.

Les «crises» de Baby, qui se traduisent par des accès de colère, d'angoisse ou de dépression, peuvent durer des heures, voire des jours entiers. Elles disparaissent aussi vite qu'elles sont apparues mais la soudaineté de leur irruption perturbe toujours mes activités professionnelles. Si, encore, je connaissais avec précision l'origine de ses emportements, je pourrais peut-être les anticiper, mais ce n'est jamais le cas.

Un jour, je la découvre en train de se taillader les veines avec une lame de rasoir et, un autre jour, avec un briquet pour se brûler la peau. Et puis survient sa passion soudaine pour les tatouages : elle s'en fait faire sur la hanche, dans le dos, sur le sein gauche.

Les visites que je parviens à maintenir chez la pédopsychiatre ne me rassurent pas. Car il semble difficile de définir l'origine précise du trouble dont souffre Baby, même s'il apparaît que les traumatismes survenus dans sa petite enfance en sont la cause principale. La carence affective de la mère, la jalousie d'une sœur aînée et la violence du père se révèlent à l'évidence des facteurs prédisposants.

Baby a grandi avec le sentiment profond d'une injustice : elle n'a pas reçu l'attention et l'amour auxquels elle pensait avoir droit. Ses exigences sont élevées et, chaque fois que ses besoins sont inassouvis, elle y répond par la colère et le désespoir. Elle voit désormais sa vie comme une interminable souffrance. Enfant perturbée prisonnière d'un corps d'adulte, elle est devenue cette adulte, victime de ses émotions passées.

Selon la psychiatre, Baby doit parvenir à intégrer le passé, le présent et le futur, les visions contradictoires qu'elle a d'elle-même et d'autrui. Il faut qu'elle accepte la réalité telle qu'elle est. Je m'engage à l'aider, mais la psychiatre me conseille de faire preuve de patience. Ses derniers mots sonnent comme une condamnation :

« Si elle est suivie, il lui faudra au minimum cinq ans pour retrouver un fonctionnement normal. Sinon, ça peut demander jusqu'à vingt-cinq ans... »

Je sors de l'entretien sonnée mais résolue.

Des hauts et des bas

Baby redouble son année scolaire et ses résultats suivent le rythme de ses changements d'humeur. Cela fait neuf mois qu'elle est sous traitement psychiatrique et je ne constate aucune amélioration. Elle prend des médicaments qui me coûtent une fortune, rencontre la pédopsychiatre régulièrement, mais à présent elle ne coopère plus. Son nouveau jeu consiste à mentir à sa thérapeute pour tester jusqu'à quel point elle peut la manipuler. Un jour, alors que nous sortons de son cabinet, elle s'exclame avec fierté :

« T'as vu, Manang ? Elle m'a crue, la psy !

– Baby, tu m'énerves ! Encore une fois, si tu ne fais aucun effort, personne ne pourra plus t'aider. Tu comprends ça ?

– Et alors ? » répond-elle en haussant les épaules.

Ce n'est certes pas le moment de baisser les bras, mais je me demande si tous nos efforts en valent vraiment la peine. Aucune thérapie ne semble avoir d'effets positifs sur Baby. Et ce d'autant plus qu'apparaissent des symptômes dissociatifs puissants et inquiétants.

Baby souffre maintenant d'un dédoublement de la personnalité. Ses deux esprits, qu'elle a elle-même nommés *Babes* et *Baby*, se combattent et se partagent son corps, sa volonté, ses désirs. Le passage d'une personnalité à l'autre est brusque et sans raison apparente.

Baby est cette jeune fille fragile que j'ai trouvée un jour sur mon palier et qui appelle à l'aide. Elle est malheureuse, démunie et sa gentillesse n'a d'égale que sa détresse. Elle se sent à la fois seule, vide, et sans intérêt.

Babes est cette adolescente rebelle, provocatrice, menteuse et irrespectueuse, dénuée de tout sentiment positif et qui détruit tout sur son passage, y compris son propre corps.

Baby a conscience de cette dualité et veut s'en sortir. L'un de ses moteurs demeure sa volonté de me faire plaisir. Pourtant sa reconnaissance envers moi ne s'exprime jamais par des mots de tendresse. Mais il me suffit de voir son sourire pour y lire toute la gratitude et l'amour qu'elle me porte.

Elle ne sait me remercier que par ce qu'elle entreprend.

Je lui enseigne donc, au cours de cette année de redoublement, à dessiner et à peindre. Je l'inscris à des cours de guitare, et je veille à développer sa concentration et son esprit d'analyse. Elle manifeste une réelle confiance en moi, ce qui est déjà beaucoup, et j'essaie désormais qu'elle prenne confiance en elle, pour aller de l'avant, avec des objectifs clairs, réalisables et une solide motivation. Elle termine son année scolaire et je suis fière d'elle. Je sais que nous avançons sur le bon chemin. Mais c'est compter sans sa maladie, qui une fois de plus, irrémédiablement, nous rattrape et va détruire nos rêves.

Alors que je la croyais disparue, effacée par les résolutions et les résultats de fin d'année, *Babes* réapparaît soudain au début de l'été avec une violence insoupçonnée. Elle se tape la tête contre les murs, s'arrache les cheveux, se pique les bras avec un compas, se fait des *piercings* à l'arcade sourcilière, au nombril, aux oreilles, elle se décolore les cheveux à l'eau oxygénée. La liste est longue et le constat affligeant. *Babes* aime avoir mal, elle veut montrer aux autres sa douleur et tracer sur son corps de longues cicatrices comme preuves de ses blessures intérieures. Il lui arrive aussi de se faire des bandages ou de poser des pansements sans plaie, juste pour attirer l'attention. Mais ces derniers, collés et décollés chaque jour, finissent par arracher et ulcérer la peau. Une écorchure se forme, puis une croûte, puis une nouvelle cicatrice. Une marque supplémentaire sur son corps : *Babes* est contente.

À partir de cet instant, la vie de Baby redevient une succession d'échecs et un violent retour en arrière s'opère. Elle redouble, multiplie les passages au poste de police, part le soir dans les rues, boit de l'alcool, fréquente les voyous locaux. Et le jour où elle tombe amoureuse de l'un d'entre eux, c'est le début d'une descente aux enfers dans laquelle elle va m'entraîner bien malgré moi.

Le suicide

Les relations que Baby engage avec des amis ou des petits amis sont toujours très instables. L'intensité des liens affectifs qu'elle y développe est telle qu'à la moindre contrariété, elle renverse l'idéalisation, l'admiration et l'amour en une dévalorisation totale, insupportable. En cas de conflit avec l'être aimé, elle met fin brutalement à la relation chaotique, détestant avec la même force celui qu'elle adorait. Ce sentiment retombe à son tour aussi vite qu'il est monté, mais la marque qu'il laisse dans son cœur est douloureuse et indélébile.

Les garçons de la rue qu'elle choisit comme petits amis n'ont aucun moyen d'interpréter un tel comportement. Et chaque fois que Baby tombe amoureuse, je m'attends au pire.

Car, que ce soit en amour ou en amitié, quand Baby a le sentiment d'être traitée de façon injuste, elle réagit de manière violente et impulsive. Elle se sent humiliée et finit par accepter l'idée que son entourage a largement contribué à véhiculer : elle devient « folle ». Elle ne sait plus décrypter la perception de l'autre, perd tout contrôle.

Le jour où Mac-Mac, son dernier petit ami en date, la quitte, elle a aussitôt le sentiment d'avoir été trahie, utilisée, salie et de n'avoir plus aucune valeur. Elle n'existe plus et, puisqu'elle n'est plus bonne à rien et que le monde l'abandonne, elle préfère en terminer avec la vie.

Comme à chaque tentative de suicide, rien n'est prémédité et l'impulsion seule la fait agir. Me croyant partie pour le bureau, Baby s'introduit chez moi, se dirige droit vers les produits ménagers et avale d'un trait un demi-litre d'acide muriatique, espérant que la mort vienne enfin la délivrer de ce mal de vivre qu'elle ne supporte plus. La douleur est telle qu'elle s'écroule au sol et s'évanouit.

Par miracle, j'ai ce jour-là oublié les clefs de mon bureau chez moi. Je fais donc demi-tour et reviens à la maison. La porte d'entrée est grande ouverte et je découvre Baby agonisante, le visage cadavérique et couvert de bave. Je hurle :

« Baby ! Baby ! »

L'odeur d'acide a envahi toute la maison et me prend à la gorge. Je vois la bouteille vide par terre et ma Baby qui revient à elle et tente de me parler. Je me précipite, m'agenouille, mets sa tête sur mes genoux, la dégage de cette mare d'acide nauséabonde qui lui brûle la peau du visage, les yeux et la bouche.

« Baby ! Mon Dieu, pourquoi as-tu fait ça ? »

D'une voix rauque et désespérée, Baby parvient à murmurer :

« Mommy, emmène-moi à l'hôpital... vite... si tu ne veux pas que je meure. »

C'est la première fois que Baby m'appelle « Maman ». Je suis sur le point de fondre en larmes, tant je connais le sens que ce mot a pour elle, mais sa vie est entre mes mains et il faut faire vite. Avoir lui avoir lavé le visage et rincé les yeux à l'eau claire, je la prends dans mes bras et cours à la voiture.

Devant le garage, je croise ma propriétaire, qui est aussi médecin-chef au service pathologique de l'hôpital Saint-Paul. Je la supplie d'appeler les urgences pour trouver un lit pour Baby qui est maintenant prise de convulsions. Ses yeux se révulsent et elle souffre horriblement.

« Mommy, s'il te plaît, aide-moi, je ne veux pas mourir.

– Non, Baby, ne t'inquiète pas, tu ne vas pas mourir, je m'occupe de toi, je suis là. »

Je roule le plus vite possible, j'emprunte les sens interdits, la main bloquée sur le klaxon, et j'arrive à l'hôpital en dix minutes. Les urgences, alertées, ont préparé un lit pour Baby qui reste consciente. Les infirmières s'occupent d'elle et le médecin arrive aussitôt. Habituée à des prises en charge plutôt lentes dans les hôpitaux philippins, je mesure toute l'efficacité de l'intervention du docteur Alice Saldana.

Je me réfugie, seule, dans un coin de la salle des urgences et j'essaie de récupérer. Je suis rompue aux situations de stress et d'extrême violence, mais lorsqu'il s'agit de ma Baby, la réaction est tout autre. Je m'aperçois que je ne sais plus qui je suis, ni où je suis. Tout devient confus : ce choc, cette course, ces odeurs d'acide, cette bousculade. Mon esprit s'envole l'espace d'un instant. Je ferme les yeux. Des flashes m'étourdissent. Je plonge la tête dans mes mains et m'accroupis sur le sol... je suis fatiguée.... épuisée...

« Madame ! Excusez-moi, Madame ! »

Je sens une main sur mon épaule et lève la tête. Une infirmière en blouse blanche se penche sur moi et me dit avec un doux sourire :

« Est-ce que ça va ? Vous voulez vous allonger ? »

Je me relève et j'entends Baby gémir, tousser, cracher, vomir. Je m'approche de son lit afin d'aider les cinq infirmières qui sont autour d'elle et tentent de lui faire avaler une dizaine de blancs d'œufs.

« Ne vous inquiétez pas, madame, me prévient le médecin. C'est pour neutraliser l'effet de l'acide dans l'estomac. »

Pauvre Baby. Au bord de l'évanouissement, on lui fait avaler des louches de blanc d'œuf ! Sa langue, sa bouche, son œsophage sont brûlés par l'acide et déglutir lui provoque de terribles souffrances.

« Je suis là, Baby... tu vas t'en sortir... fais ce qu'on te dit, ma belle. Fais ce qu'on te dit. »

Elle vomit du sang et des lambeaux de peau, du mucus. Le médecin décide alors de lui faire une endoscopie pour voir les dégâts provoqués par l'acide dans l'estomac. Je la suis partout, je reste là, près d'elle, et je lui tiens la main. Je sais que ma main est le seul lien qui la rattache à la vie, et il n'est pas question de la lâcher.

Ce que je vois sur l'écran est terrifiant : les parois de l'estomac sont noires et l'acide, mélangé au sang, continue de les ronger. Je redoute les conséquences de cette tentative de suicide et les séquelles qui s'ensuivront, mais je préfère en repousser l'idée. Le plus urgent est d'évacuer l'acide qui risque d'agir encore pendant plusieurs jours et de faire des dégâts irréversibles. Baby est conduite en salle de réanimation. Tous font preuve d'un grand professionnalisme devant son état. Je suis dévorée par la peur et, en même temps, confiante.

Dans les pays en voie de développement, les accidents sont fréquents et souvent d'une extrême violence. Les médecins et les chirurgiens ont l'habitude de soigner, en urgence et avec peu de moyens, des cas que l'on voit rarement en France. Je ne vois que des blessés autour de moi. Des coups de couteau, de machette, des accidents de chantier... Je vois de tout dans cet hôpital, mais aussi et surtout des visages qui sourient, pour la plupart, et qui prennent la vie comme elle est, avec ses joies et ses peines, ses bonheurs et ses souffrances.

Un ouvrier semble là depuis plusieurs heures et l'accident qu'il a subi sur son chantier a été terrible : un camion qui transportait des barres d'acier a reculé brusquement alors qu'il travaillait derrière sur un échafaudage. Son mollet a été embroché par quatre grosses barres. Ses collègues ont scié les barres et l'ont déposé à l'hôpital. Il est seul et attend, sur une table d'auscultation, qu'un médecin veuille bien s'occuper de lui. J'imagine que ce simple ouvrier n'a pas de couverture sociale et je ne suis pas sûre qu'il puisse payer la facture des soins dont il a besoin. Combien sont-ils dans ce cas ?

Un médecin finit par le prendre en charge entre deux autres urgences. Comme tous les lits sont occupés, il lui injecte sur place une anesthésie locale et entreprend, devant moi, de lui opérer le mollet au bistouri. Il faut avoir le cœur bien accroché pour supporter une telle scène. Ce qui me surprend le plus, ce n'est pas le mollet ouvert et disséqué comme un morceau de viande filandreuse, ni même les os fracturés par les barres d'acier encore en place, mais le sourire de cet homme qui, presque avec curiosité, observe le médecin travaillant sur sa jambe. Ce fameux sourire, si souvent arboré par le peuple philippin, et que les filles de Caméléon affichent en toutes circonstances.

L'homme se met à prier. Je n'ai pas cette échappatoire, mais je sais que Baby est forte et qu'elle a encore devant elle une vie pleine et riche. Elle ne peut pas s'en aller de façon aussi brutale, c'est impossible. Alors, moi aussi, je me mets à sourire...

Cela fait maintenant deux jours et trois nuits que je veille à son chevet. Baby dort et reçoit des soins intensifs. Que va-t-on faire d'elle ?

« Il va falloir l'opérer, m'annonce le médecin, mais nous devons la transférer auprès d'un spécialiste, car c'est une intervention délicate. »

Pour cela, Baby doit être transférée à l'hôpital public. La note grossit, d'autant plus qu'il s'agit d'une tentative de suicide et qu'aux Philippines, la couverture sociale ne prend pas en charge les conséquences de ce qui est considéré comme un crime par l'Église. Aucune compassion. Juste une punition sévère à subir jusqu'à son terme qui, si l'on n'a pas d'argent, n'est autre que la mort.

Le transfert effectué, l'opération est programmée dans les cinq jours. Comme l'acide a rétréci l'estomac et détruit la communication avec l'intestin, l'intervention consiste à pratiquer un orifice dans l'estomac afin de le relier au duodénum. Dans cette attente, Baby est dans l'impossibilité de s'alimenter.

Le chirurgien lui explique qu'elle s'en tire à bon compte, car si l'acide avait brûlé l'œsophage au troisième degré, il aurait dû l'intuber avec un tuyau en plastique et elle aurait été alimentée par une machine.

Le jour de l'opération, je suis là, seule, présente à ses côtés. Sa famille n'a pas fait le déplacement, disant qu'elle ne comprenait pas son geste. Ou peut-être ont-ils peur de devoir payer les frais médicaux ? Je ne sais pas. Ce dont je suis certaine, c'est que l'absence de ses proches n'aidera pas Baby à se rétablir.

Peu avant de l'emmener au bloc, le chirurgien vient me demander de trouver des poches de sang du groupe AB. L'hôpital en manque et si une quelconque complication survenait durant l'opération, Baby ne pourrait pas être transfusée.

J'enfourche ma moto et fonce à l'hôpital privé, puis à la Croix-Rouge. Je parviens avec difficulté à me procurer deux pochettes et je retourne à l'hôpital. Je roule évidemment très vite et je me fais arrêter par des policiers. J'essaie d'obtenir leur compréhension.

« S'il vous plaît, c'est urgent ! »

Mais les policiers insistent et me demandent mes papiers. J'enlève mon casque et je lis sur leur visage la surprise de découvrir une femme, qui plus est une étrangère, au guidon d'une grosse cylindrée.

« J'emporte ces poches de sang à l'hôpital pour ma fille qui doit se faire opérer. C'est urgent. S'il vous plaît... ! »

Ce pays n'aura jamais fini de me surprendre : les deux policiers enfourchent leurs motos, déclenchent leurs sirènes et m'invitent à les suivre. Ils m'ouvrent la route jusqu'à l'hôpital que je rejoins en un temps record.

L'opération de Baby dure trois heures. Toutes les demi-heures, une infirmière sort du bloc, m'apporte une ordonnance pour que j'aille moi-même à la pharmacie, à l'extérieur, acheter les produits dont l'équipe chirurgicale a besoin. Quand je vois tout ce que je suis obligée de faire (et j'ai aussi les moyens de le faire...), j'ai une pensée pour ces patients qui n'ont pas de famille et qui, dans de telles circonstances, seraient déjà morts depuis longtemps.

À la fin de l'intervention, l'anesthésiste me demande d'entrer dans la salle de réveil. Ce sera à moi de surveiller Baby, de lui parler doucement et de lui tapoter les joues pour la réveiller. La requête me surprend, mais j'obtempère. Dès que Baby ouvre les yeux, elle esquisse un sourire en me voyant à son chevet. Les brancardiers l'emmènent alors dans une immense salle où sont alignés des dizaines de lits. Les patients sont tellement nombreux qu'il n'existe pas de chambre individuelle. Et encore heureux que Baby ait pu avoir un lit ! Ce n'est pas le cas de tous et certains enfants doivent partager le même matelas.

Les brancardiers se mettent à deux pour déposer Baby sur son lit, mais elle leur glisse des bras et tombe lourdement sur le lit. Elle hurle de douleur et retrouve instantanément réflexes et langage :

« Gago ! » (Connards !)

Baby séjourne deux mois à l'hôpital. Le temps que les chairs cicatrisent, elle n'a pas le droit de manger et reste alimentée par une perfusion de dextrose. Tous les jours, je lui rends visite pour lui humidifier les lèvres, la masser, la laver, la retourner. Des escarres la font déjà terriblement souffrir. Progressivement, elle ne supporte plus de rester à l'hôpital et devient intenable. Elle insulte d'abord tout le personnel puis finit par s'en prendre à moi.

Avant de devenir son unique souffre-douleur, je négocie sa sortie avec le chirurgien en promettant de m'en occuper personnellement et de veiller à ce qu'elle ait un suivi médical régulier. Il accepte mais, souhaitant prévenir toute nouvelle tentative de suicide, il impose une consultation psychiatrique préalable.

Je connais bien le service pour y avoir emmené Janice il y a peu, et les souvenirs se bousculent... Dès que Baby voit les patients entravés sur leur lit avec des camisoles de force, elle se colle à moi, inquiète :

« Mommy, qu'est-ce que c'est ? Je ne suis pas folle, moi ! Tu ne vas pas me laisser là, hein ? »

Tout en prenant conscience que le lieu n'est pas adapté à Baby (qui ne souffre pas des mêmes troubles psychiatriques que ceux qui sont internés ici), je tente d'apaiser son affolement.

« Mais non, Baby, on va juste voir la psychiatre. Mais je te conseille de lui dire la vérité, cette fois ! »

La psychiatre écoute Baby patiemment mais, à notre grand désarroi, décide de la garder quelques jours en observation pour s'assurer qu'elle ne présente plus de tendances suicidaires.

Et alors que Baby s'est montrée forte et courageuse durant ces deux mois, la voilà qui s'effondre dans mes bras en pleurant et en me suppliant de l'emmener.

« Calme-toi, Baby, ça va aller, je suis là, je ne t'abandonne pas... »

Elle hoche la tête et me lance un regard attendri. Je crois la partie gagnée. J'ajoute :

« C'est pour ton bien que le médecin souhaite que tu restes quelques jours ici. »

Et là, elle rugit.

« Qu'est-ce que vous en savez, vous tous, de ce qui me fait du bien ou pas ? »

Baby a peut-être perdu des forces et des kilos, mais pas ses mauvaises habitudes ni ses provocations.

Elle passe quinze jours à l'hôpital et les cachets qu'on lui donne la font beaucoup dormir. De mon côté, je mets à profit ce répit pour tenter de m'organiser car le travail qui s'accumule n'est pas réellement conciliable avec la prise en charge à temps plein d'une adolescente en difficulté.

Le jour où Baby est autorisée à quitter l'hôpital, je vais la chercher, heureuse que cet épisode se termine.

Elle a perdu 17 kilos en deux mois. Son état et son traitement médical nécessitent un suivi régulier et engendrent des frais importants. Je ne sais pas qui d'autre que moi acceptera de les supporter. Qui se soucie, d'ailleurs, de l'avenir de cette jeune fille ? Je me retrouve maintenant devant le fait accompli. Je sais que je vais outrepasser le cadre, à juste titre rigoureux, de mes fonctions professionnelles, mais je décide, une fois de plus, d'écouter mon cœur et mon instinct. Ils ne m'ont encore jamais trahie. Et c'est ainsi, sans me soucier du gouffre qui s'ouvre devant moi, que je prends la décision d'héberger Baby à la maison. Chez moi.

La descente en enfer

La cicatrisation est longue et douloureuse et les allers-retours à l'hôpital sont fréquents. Baby observe un régime très strict et ses troubles gastriques l'empêchent de s'alimenter normalement : elle vomit tout ce qu'elle avale et se déshydrate à vue d'œil. La convalescence n'est pas facile à gérer, tant pour elle, immobilisée à la maison, que pour moi, qui dois sans cesse ajuster mon emploi du temps à ses besoins.

Elle s'ennuie en mon absence et elle devient vite insupportable et capricieuse. Elle téléphone pendant des heures ou pousse la musique au maximum, ce qui exaspère mes voisins. Durant deux longs mois, elle accumule les bêtises et abuse de ma patience. Elle teste, un peu plus chaque jour, mes limites. Quand je rentre épuisée du travail, je la retrouve affalée sur le lit, mes affaires dispersées par terre et la vaisselle en jachère. Les fourmis et les cafards pullulent et, avec la chaleur, l'odeur des déchets devient insupportable.

« Baby, ça suffit maintenant, je ne suis pas ta bonne. Alors tu te lèves et tu ranges tout ça. »

Elle est constamment en recherche d'attention et me provoque par plaisir, ce que je supporte de moins en moins. Elle refuse d'avaler ses médicaments, ne dort pas la nuit, met à fond la télévision, ne se lave plus, utilise mes effets personnels. Elle tourne en rond jusqu'au jour où, pour notre malheur commun, ses vieux démons la rattrapent de nouveau...

Un soir, elle quitte la maison et va retrouver ses amis en ville. Par hasard, elle tombe sur Mac-Mac, son ex-petit ami, qui l'avait quittée pour une autre fille. Réactivée par des souvenirs encore douloureux, sa colère flambe et elle perd le contrôle d'elle-même. Elle explose dans une volée d'insultes :

« Salaud ! Qu'est-ce que tu fais là ? Retourne voir ta pute !

– C'est toi, la pute. Tout le monde connaît ton passé ici, alors tu ferais mieux de la boucler. »

Hors d'elle, Baby lui saute à la gorge et lui assène une gifle en pleine figure. Totalement hystérique, elle hurle et frappe Mac-Mac de toutes ses forces, le griffe et le mord, comme enragée. Toute sa haine, trop souvent contenue, s'exprime d'un seul coup et le garçon, dépassé par cette violence démesurée, pare comme il peut les coups qui pleuvent. Tout le bidonville est alerté par les cris de Baby et accourt pour voir la scène. Le combat devient l'animation du jour. Les gens attroupés participent en scandant le nom de leur favori. On pourrait facilement s'imaginer face à un combat de coqs et, de fait, c'est pour Baby une question de vie ou de mort. Elle se sent humiliée au plus haut point, proche de la folie. Elle hurle de plus belle, puis arrache ses vêtements, et montre ses seins à une population enivrée qui n'en demandait pas tant. Elle la défie.

« C'est ça que vous voulez voir tous ? »

Le chef du bidonville, que j'ai déjà rencontré plusieurs fois, tente d'intervenir pour calmer Baby, mais elle ne veut rien entendre. Dans un état second, elle se méfie de tout et de tous. Il décide alors de m'appeler pour que je vienne la récupérer avant que la situation n'empire.

Arrivée en moto à l'entrée du bidonville, je suis très vite guidée sur place par les cris et par les gens qui courent. Je me fraye difficilement un chemin parmi la foule excitée et titubante, et j'aperçois Baby, isolée, prostrée contre un mur, couverte de sang et de boue. Je ressens une émotion douloureuse, la même que celle éprouvée en la découvrant dans sa mare d'acide. Mon cœur s'affole. Je voudrais pouvoir dire « coupez ! », comme sur un plateau de cinéma, ou me réveiller comme après un cauchemar. Je m'entends déclarer, d'une voix étrangement ferme et douce :

« Baby, viens. On rentre à la maison. »

À l'évidence, elle m'en veut terriblement de l'avoir grondée l'après-midi et, une fois de plus, elle a interprété ce « ras le bol » comme un rejet et un abandon. Elle refuse de repartir avec moi et, alors que j'approche la main, elle tente de m'échapper en sautant dans l'eau. Elle se retrouve au milieu de la saline, de l'eau jusqu'à la taille. Son tee-shirt blanc et mouillé laisse transparaître les formes de son corps frêle. Les hommes s'approchent, et s'agglutinent pour mieux la déshabiller du regard.

Quand l'un d'eux, juste dans mon dos, s'écrie «À poil ! », le contraste entre sa vulgarité bestiale et la détresse de Baby me fait perdre tout contrôle. Il s'en faudrait de très peu pour qu'il ne la viole sur le champ... Cette idée me révulse. Sans plus réfléchir, je me retourne :

« Ne t'avise pas de répéter cela, gago ! »

Isolée au milieu de ce bidonville hostile, en pleine nuit, je prends conscience d'avoir dépassé toutes les limites mais je n'ai plus le choix : l'affrontement est inévitable.

L'homme est manifestement ivre et furieux d'avoir perdu la face devant ses amis. Il casse la bouteille qu'il buvait et se dirige vers moi, le tesson à la main. Je sais que j'ai très peu de temps et qu'un combat déclencherait, à coup sûr, une émeute générale.

J'esquive ses coups mais l'homme parvient à m'entailler le genou avec son tesson de bouteille. Je réplique de toute mon énergie dans un coup de poing sec et rapide qui le fait chanceler. Son nez saigne abondamment. Il se tient le visage, surpris de ma réaction.

« Heureusement que tu es une femme, me dit-il en me pointant du doigt, autrement, je t'aurais massacrée ! »

Lorsque je me retourne, Baby a disparu. Elle a profité de la bagarre pour s'enfuir et j'ai beau regarder de tous côtés, je ne la vois plus. Inquiète et désemparée, j'éprouve le même sentiment que lorsqu'elle avait quitté le centre, à cette différence près que Cute n'est pas là pour me rassurer.

Elle est partie dans la pénombre, mouillée et avec ses habits déchirés. Tout peut encore lui arriver... J'oublie ma blessure, qui nécessiterait des points de suture. J'entreprends, au ralenti, le tour des salines sur ma moto, des heures durant, à l'affût d'informations.

Il est déjà une heure du matin et toujours aucune trace de Baby. Alors que, fatiguée, désespérée, je me suis assise sur un tronc d'arbre, un homme s'approche :

«Je l'ai vue, moi, la fille !»

Je lève la tête et le regarde comme un messie tombé du ciel. Il montre du doigt une petite maison. J'y cours et j'appelle Baby, dans l'espoir de la retrouver enfin, mais pas de réponse. Je me faufile partout, soulève les bâches mais... rien... je ne vois rien.

Je suis alertée par les coqs, anormalement agités, et qui chantent alors que la nuit est encore noire. Je me dirige vers le poulailler et là, je trouve enfin Baby, recroquevillée dans le coin d'un enclos. Elle dort, à proximité des poules et de leurs poussins blottis, comme si le seul symbole de cette protection avait réussi à l'apaiser et à la rassurer. Je m'approche doucement de «ma fille», comme on va vers un animal sauvage, et je lui caresse les cheveux pour ne pas l'effrayer... pour l'apprivoiser.

Baby a froid. Ses vêtements sont encore mouillés. Je la prends dans mes bras.

«On rentre, ma belle... il est tard maintenant.»

Je fais quelques pas et me retrouve face à trois policiers armés. Ils veulent nous emmener au poste, Baby et moi, suite au scandale que nous venons de provoquer dans le *barangay* (quartier). Malgré la fatigue, la douleur, je soupire et je ferme les yeux l'espace d'un instant. J'essaye de garder mon calme. Papiers en main, je négocie avec succès une présentation au poste pour le lendemain matin, arguant du problème de santé de Baby et de ma blessure au genou. Enfin, soulagée, je rentre au petit matin à la maison avec Baby, que je remets au lit comme une petite fille qui vient de vivre un vilain cauchemar.

Je désinfecte mon genou et m'improvise un pansement. La plaie a déjà séché et il est trop tard pour les points de suture.

À son réveil, je tente de rétablir le contact avec Baby, mais elle reste prostrée. Elle m'en veut, c'est évident, alors que je n'ai pas le sentiment d'avoir commis d'erreur. Tout au moins vis-à-vis d'elle... On pourra peut-être m'accuser de l'avoir soutenue jusqu'à un aveuglement déraisonnable, mais jamais je ne l'aurai trahie ni abandonnée.

Après un regard sur mon genou abîmé, Baby murmure, en esquissant un timide sourire :

« Merci, Mommy. »

Je la prends dans mes bras et la serre de toutes mes forces. Deux mots d'elle ont suffi à me réinsuffler de la force. Et il en faut, car l'heure d'aller se présenter à la police approche.

Nous sommes convoquées au bureau de protection des femmes et des enfants. L'interrogatoire, mené par une jeune femme, inspecteur-chef, est interminable.

C'est un flot de questions auxquelles je n'ai pas toujours de réponse et qui me plongent dans l'embarras !

Pourquoi Baby s'est-elle battue ? Pourquoi a-t-elle une cicatrice au ventre ? Pourquoi a-t-elle fait une tentative de suicide chez moi ? Pourquoi cette mineure vit-elle chez moi ?

Tout ce que je me borne à répéter, inlassablement, c'est que Baby a besoin d'aide et que j'ai fait tout ce qui était en mon pouvoir pour lui sauver la vie à plusieurs reprises.

« Chef, je n'ai pas cherché à savoir si c'était bien ou pas bien, c'est vrai. Je n'ai fait qu'obéir à ma conscience.

– Je veux bien vous croire, Mademoiselle Ligier, mais faites attention. Vous vous mettez hors la loi en abritant une mineure sous votre toit. Et je vous rappelle que c'est chez vous qu'elle a tenté de se suicider ! »

Elle a raison de me mettre en garde. Les assistantes sociales m'ont tenu le même discours à plusieurs reprises. Mais je ne veux pas abandonner Baby tant que l'on ne me proposera pas de solution alternative. Je n'ai pas choisi ce métier pour baisser les bras devant la première difficulté qui se présente. Je me bats et je prends des risques pour aider les plus faibles. Le fait de ne pas affecter le programme de Caméléon et les enfants qui en bénéficient trace la seule ligne rouge qui doit me guider ou m'arrêter. Et là, emportée par ma conviction, tiraillée entre des sentiments contradictoires au sein d'une situation complexe, je sais pertinemment que je ne suis pas loin de la franchir...

La chef de police m'annonce que Baby restera en garde à vue, le temps d'éclaircir certains points de l'enquête, et que je peux rentrer chez moi. On me «préviendra» de la suite des événements.

Quelle nouvelle ! Baby, encore sous traitement psychiatrique, est à peine remise d'une lourde opération qu'elle va devoir maintenant goûter aux joies de la prison ? Cette annonce sonne comme si sa descente aux enfers était programmée depuis son enfance. Si personne n'entend ses cris du fond de sa détresse, elle ne pourra jamais remonter à la surface.

«Mommy, ne me laisse pas !» me supplie Baby.

Ses mots me bouleversent. Je ne peux plus les entendre, ni croiser le regard de celle que j'ai amenée ici et qui m'y a suivie, en toute confiance... Je suis fatiguée, vidée... J'ai besoin de calme et de solitude pour comprendre et tenter de me ressaisir.

La prison

Sans nouvelles depuis plusieurs jours, je finis par appeler la chef de police. Elle m'annonce que Baby restera sous sa protection une quinzaine de jours supplémentaires. À ses yeux, cette mesure est, certes, une sanction pour le scandale provoqué dans le bidonville, mais elle est avant tout censée la protéger de son cadre de vie actuel, qui n'apparaît ni sain ni sécurisé.

Je rêvais d'une solution alternative pour Baby, et voilà qu'on lui impose la prison ! Je connais les conditions particulièrement dures de détention aux

Philippines et je suis révoltée à l'idée que cet enfermement risque de faire perdre à Baby toute confiance dans une quelconque autorité. Mais mes moyens d'action sont très limités.

Les visites étant autorisées, je me rends chaque jour à la prison pour lui apporter quelques vêtements et une nourriture qui corresponde à son régime alimentaire. Elle est encore en convalescence et elle doit absolument reprendre 15 kilos pour retrouver des forces. Pour apaiser sa solitude, je reste des heures à discuter avec elle. Ces moments de partage et de tendresse sont compris et tolérés par les gardiens qui me laissent poursuivre mes visites au-delà des heures légales.

Dans la prison, les hommes sont parqués d'un côté, à plus de trente dans une cellule de 15 mètres carrés, et les femmes leur font face, moins nombreuses mais tout aussi mal accommodées. L'une d'entre elles est enceinte, d'un autre prisonnier, dit-on : ils auraient réussi à se cacher dans la cellule pendant la pause TV du soir, au seul moment où tous les prisonniers sont conduits dans une pièce centrale.

La prisonnière dont Baby est la plus proche est une femme âgée, une ancienne passeuse de drogue. Elle s'occupe de Baby et veille à ce qu'elle mange correctement.

« Pauvre petite, me dit-elle, elle est trop jeune pour être ici. »

Je ne crains pas pour sa protection au sein de la prison, car je sais que la chef de police y veille. Mais je suis inquiète pour les relations qu'elle peut s'y faire et qui pourraient l'influencer pendant ce «passage au trou». D'ailleurs, les paroles de Baby trahissent un sentiment d'injustice qui peut présager toutes les dérives :

«Tu vois, Mommy, "le porc" est en liberté depuis sept ans et c'est moi qui me retrouve en prison... Tu trouves ça juste ?»

Évidemment... je partage son avis. L'application de la justice, ici comme ailleurs, est loin d'être parfaite alors que des lois particulièrement strictes existent bel et bien en matière de protection des droits de l'enfant.

Je suis à peine rentrée chez moi que le téléphone sonne. Je décroche. C'est la police :

«Baby s'est évadée. Est-ce qu'elle ne serait pas avec vous, par hasard ? me demande un inspecteur de police.

– Comment ça, échappée ? Bien sûr que non, elle n'est pas là !»

Le policier me demande de le prévenir au cas où je verrais Baby. À l'entendre, on dirait qu'un ennemi public a pris la fuite. Je suis atterrée. Cette histoire prend une ampleur démesurée. Au cours de la conversation, je réalise qu'une fois encore, ses manipulations ont réussi et qu'un gardien de prison est tombé dans ses filets. Je la reconnais bien là et ça ne m'étonne pas. Je pourrais même en sourire si les conséquences ne risquaient pas d'être si graves et si je savais surtout où elle se cache...

Au petit matin, j'ouvre ma porte et trouve Baby endormie sur le palier, comme un petit chat qui, où qu'il se soit perdu, retrouve toujours le chemin de sa maison. Je savais que Baby allait revenir. Je l'allonge sur le lit pour la laisser dormir. Sa nuit de cavale a dû être courte et agitée. Je préviens la police, pour ne pas éveiller de soupçons à mon égard, et je leur promets de ramener Baby à la prison dès qu'elle sera réveillée.

Baby ouvre les yeux et me sourit :

« Hi, Mommy !

– Hi, Baby ! Qu'est-ce que tu fais là ? Tu sais très bien que ça ne t'avancera à rien de te sauver...

– Mais j'en ai marre d'être là-bas, moi ! J'ai rien fait. S'il te plaît, garde-moi ici... »

J'essaye de trouver les mots justes pour lui expliquer que je ne peux pas la reprendre à la maison après tout ce qui vient de se passer, et qu'elle doit retourner à la prison pour terminer ses quinze jours de détention. Elle est déçue et me fait la tête. Comme elle se dispose à s'endormir de nouveau, je l'en empêche et la prends par la main pour la lever. Elle ne résiste pas. Elle n'aspire plus à rien. Elle flotte une fois de plus dans le vide. Mais je suis loin de me douter, à ce moment-là, que le pire est encore à venir.

Arrivée à la prison, Baby est aussitôt sanctionnée pour son évasion et menée tout droit au cachot. Je me sens très mal à l'aise de l'avoir remise aux mains des policiers, qui l'entraînent au fond d'un couloir sombre pour l'enfermer seule dans la dernière cellule.

Il m'était impossible de faire autrement. Mais comment, aussi, peut-on mettre une jeune fille dépressive au cachot ? Pourquoi le sort s'acharne-t-il sur une enfant qui, depuis qu'elle est née, ne fait que subir la violence des adultes ?

Avec l'autorisation des gardiens, je cours au bout du couloir et à la lumière de mon briquet, je cherche Baby. Elle est là, prostrée et butée dans un coin. Je ne l'ai pas vue pleurer depuis le jour de sa tentative de suicide. Toutes ces épreuves accumulées l'endurcissent et la vident complètement. Je redoute qu'elle n'explose un jour comme Janice et sombre dans la folie.

Le cachot n'a pas de fenêtre, pas de lumière, pas de toilettes, pas d'eau, pas de lit. Baby doit dormir à même le sol parmi les rats et les cafards. Même un chien ne supporterait pas une telle cage ! Ne sachant que faire, je demande et on m'accorde l'autorisation de nettoyer ce mitard sordide pour le rendre « plus humain ». Je reviens aussitôt avec des produits d'entretien et je commence par passer le sol à l'eau de Javel. Je brosse pour décoller et évacuer les excréments des prisonniers précédents et je me retiens de vomir, tant la puanteur est intenable. La gorge de Baby est encore fragile et les vapeurs de chlore attaquent ses muqueuses. Je fais au plus vite et je rince le tout à grande eau.

Je donne un seau à Baby en guise de toilettes et le gardien enlève l'anse pour éviter qu'elle se mutile. Il a raison, c'est un risque réel. J'étale un morceau de linoléum par terre pour qu'elle puisse s'allonger. La cellule est humide et sent toujours l'urine. Baby risque de tomber malade et je suis inquiète pour sa cicatrice au ventre, qui suinte encore. J'avais promis de prendre soin de sa santé physique et morale, et elle se retrouve là, dans la pire situation qui soit.

Je retourne la voir chaque jour et elle m'étonne de plus en plus. Je ne sais pas où elle puise son énergie, mais Baby a les caractéristiques d'un vrai caméléon : où qu'elle soit, elle s'adapte à son environnement, même lorsque celui-ci est aussi hostile qu'un cachot.

Comme elle n'a rien à faire de la journée et que le manque de confort l'empêche de dormir, elle a mis au point un jeu de son invention.

Ses compagnons de cachot sont des déséquilibrés que la police a ramassés dans la rue et parqués là, chacun dans sa cellule, afin d'éviter tout incident sur la voie publique. Sans pouvoir les voir, elle les entend gémir toutes les nuits. Alors, devant moi, elle les appelle.

« Hello, mes amis ! On va montrer à Mommy ce qu'on a appris. OK ? Allez, c'est à vous ! »

Et là, je les entends tous crier en chœur :

« Bonjour, Mommy LAWRENCE ! »

La prononciation de mon prénom est mauvaise, alors Baby les fait reprendre en épelant avec eux :

« L-A-U-R-E-N-C-E ! »

Baby les applaudit et semble très fière de ses nouveaux élèves. La situation est surréaliste, mais j'y perçois que Baby a retrouvé une force et une volonté sur lesquelles je peux à nouveau m'appuyer.

Je demande donc au gardien la permission d'entrer encore dans la cellule pour nettoyer le sol, prétextant qu'il est dangereux pour la santé de Baby d'utiliser des produits d'entretien. Et une fois le ménage terminé, je refuse de sortir :

« Va dire à ton chef que je ne sortirai pas d'ici tant que vous ne libérerez pas Baby ! »

Que pouvais-je espérer ? Ma manœuvre commence tout naturellement par échouer. Personne ne vient et nous passons ensemble la nuit au cachot...

Mais au petit matin, j'ai la surprise de voir la chef de police venir en personne ouvrir les grilles. Elle est accompagnée du père de Baby, auquel elle fait signer une décharge. J'y crois à peine, mais nous voilà libres...

Les médias

La décharge impose à Baby de partir avec son père en sortant de prison, mais elle refuse. Elle lui reproche de n'être venu qu'une seule fois à l'hôpital alors qu'elle était entre la vie et la mort. Lui pense que sa fille est folle et semble totalement dépassé par les événements. Je commence à mieux comprendre son désarroi, mais j'insiste pour qu'il se montre à l'avenir plus attentif aux besoins de sa fille.

Je me suis tellement attachée à Baby que je me sens de plus en plus « prisonnière » de son destin. Il m'arrive d'en être consciente, mais je lutte aussi pour m'en échapper. Je me dis, dans ces moments de lucidité retrouvée, que personne ne doit subir la maladie de Baby et ses conséquences, et surtout pas tous ces autres enfants dont je suis aussi censée m'occuper.

À ce titre, il faut reconnaître qu'entre mes visites à l'hôpital et à la prison, mon travail a été totalement perturbé depuis deux mois. Je dois absolument retrouver mes marques, car il me reste encore beaucoup de projets à mettre en place. Avec Baby, je suis certes à bonne école, mais je m'expose souvent à confondre ma vie affective personnelle et ma vie professionnelle. L'équilibre est difficile à trouver, et sa recherche fait partie intégrante du métier que j'ai choisi.

Baby est de nouveau chez moi. Les médias, alertés par les derniers incidents, me poursuivent. Je suis la seule Française résidente à Iloilo et chaque visite au poste de police pour sortir Baby de situations délicates leur fournit un scoop de premier choix. Mes apparitions dans les journaux locaux me font, hélas, repérer un peu plus par les dealers et les pédophiles que je contribue à faire jeter en prison. Autant dire que je ne me fais pas que des amis et que ma sécurité personnelle devient sérieusement menacée.

Tous les matins, à la même heure, une journaliste m'appelle et tente de me faire chanter. Elle s'obstine à vouloir faire la « une » en révélant que je torture les filles du centre et que je vends le corps des enfants aux volontaires expatriés venus en mission à Caméléon. J'accepte donc de la rencontrer pour couper court à ses allégations.

Très vite, je comprends qu'elle ne cherche qu'à gagner un peu d'argent. C'est ni plus ni moins du chantage.

« Vous savez, Mademoiselle Ligier, il est arrivé qu'on me donne 15 000 pesos pour que je ne publie pas en Une des actes délictueux... »

Au comble de l'indignation, je la coupe dans son élan :

« Quel genre de journalisme au juste pratiquez-vous, madame ? Au lieu de dénoncer des situations inventées de toutes pièces, pourquoi est-ce que vous ne vous penchez pas sur celle, bien réelle, de ces milliers d'enfants que tentent de protéger des initiatives honnêtes ? Connaissez-vous seulement le sens de ce mot ? Alors, maintenant, écoutez-moi ! Je vais vous dire ce que je fais vraiment à Caméléon et après, vous jugerez de la place que tout ça doit prendre dans votre journal. »

Je lui expose très clairement nos actions. Je mets tant d'enthousiasme et de conviction dans mes propos que je crois l'ébranler. Il me semble même lire de l'émotion sur son visage.

« Maintenant, madame, si vous voulez bien me laisser retourner à mon travail... »

J'ai compris que tant que je ne tenterai pas de régulariser une situation qui prête le flanc à toutes les rumeurs, et tant que je serai de ce fait la double cible des médias et des trafiquants, Baby ne sera jamais en paix chez moi. Je ne veux prendre aucun risque la concernant. Comme à chaque étape de mon feuilleton avec Baby, il ne me reste que deux solutions : abandonner ou aller encore plus loin dans mon engagement.

Après une longue discussion avec les parents de Baby, qui aboutit à un accord, et afin de pouvoir m'en occuper légalement et de lui offrir une perspective d'avenir, je franchis le pas : adopter Baby.

Les services sociaux

Il ne s'agit pas de couper Baby de sa famille. À supposer qu'on puisse améliorer leur relation, c'est l'élément essentiel de son équilibre. Mais l'adoption semble être la seule solution pour que j'aie la possibilité légale d'aider personnellement Baby, encore mineure, sans nous exposer aux rumeurs, aux tentatives de meurtre ou à la prison.

Les parents, Baby et moi-même sommes entendus par les assistantes sociales en charge du dossier au ministère des Affaires sociales. Une enquête de moralité est menée et une visite de mon domicile effectuée. Je me plie à toutes les demandes, pour être sûre que ma démarche soit bien comprise. Je sais parfaitement ce à quoi je m'engage en adoptant Baby. D'énormes difficultés restent à venir, mais elles ne me font pas peur.

Mais l'adoption est refusée. La directrice des services sociaux estime que Baby n'est pas abandonnée, qu'elle a une famille naturelle et que c'est à elle d'assumer la responsabilité parentale. Il fallait s'attendre à cette décision, bien sûr, mais il fallait aussi tenter la démarche.

Baby exprime violemment son refus de retourner vivre chez ses parents et menace, si on l'y contraint, de se suicider.

Je m'entretiens de nouveau avec les assistantes sociales et leur demande de trouver une solution au plus vite, car Baby ne peut que rechuter.

Elles suggèrent de l'accueillir dans leur centre pour « mères-enfants » à Santa Barbara, à 20 kilomètres d'Iloilo. Je doute que cette solution plaise à Baby, mais je fais tout pour la persuader d'accepter, afin qu'elle puisse terminer ses études et vivre dans un cadre sécurisé. Je continue contre vents et marées à tenter l'impossible : la voir, un jour, heureuse et libérée du mal qui la ronge.

Elle se résigne en me lançant un regard sombre qui signifie « Tu m'abandonnes encore une fois... tu n'es pas mieux que les autres, après tout. »

Baby est donc prise en charge par les services sociaux et rescolarisée. Les assistantes sociales, voulant faciliter son intégration et rompre sa dépendance à mon égard, me recommandent de ne pas venir la voir. Je respecte leur décision, même si, connaissant Baby, je doute de son effet. On m'a souvent critiquée, durant quatre ans, sur ma façon de protéger Baby, et j'avoue attendre avec curiosité et inquiétude les résultats produits par d'autres méthodes.

Et de fait, un mois à peine après que Baby a intégré le centre, les services sociaux m'informent qu'elle s'est échappée pendant la nuit et qu'elle a entraîné avec elle une petite fille de onze ans... Hélas, je ne suis pas surprise. Je savais qu'elle ne resterait pas longtemps ainsi privée de liberté.

Elle a fait comme dans les films. Elle a noué des draps et elle est passée par la fenêtre. Les deux étages ne lui ont pas fait peur. Elle ne craint rien, d'ailleurs.

Sinon l'abandon...

Je m'attends à la retrouver sur mon palier au petit matin, et je rassure donc l'assistante sociale en lui promettant de la rappeler dès que Baby se manifestera. Pourquoi faut-il toujours que le même scénario se reproduise ?

Dès que je reconnais sa voix, je me précipite et je sors de la maison. Baby est en bas, avec sa jeune amie. Elle saute dans mes bras, mais une fois passée la joie de la retrouver, j'ai du mal à réprimer ma colère. J'aurais compris qu'elle se sauve, mais pas qu'elle entraîne avec elle une enfant plus jeune qui risque de ne jamais se remettre de ce genre d'expérience.

« Baby, je te l'ai déjà dit : tu ne respectes rien, ni personne. »

À peine ai-je prononcé ces mots que je les regrette, mais je pressens aussi que cette situation va finir par me rendre folle. Je n'y vois ni issue, ni amélioration. Baby espérait sûrement que je serais heureuse de la revoir après un mois d'absence et mes mots l'ont profondément blessée.

Au bord des larmes, la gorge serrée, elle me lance :

« Ah bon, toi non plus, tu ne veux pas de moi ? Alors ne t'inquiète pas. C'est simple : tu ne me verras plus jamais ! »

Et, avant que j'aie pu esquisser un geste, elle part en courant. Je retiens la petite fille, dont je ne connais même pas le nom et qui ne comprend rien à ce qui se passe. J'appelle les services sociaux, qui viennent récupérer l'enfant, mais je leur précise :

« Ne me demandez pas où est Baby... je ne sais pas... Débrouillez-vous, et puis laissez-moi en paix ! »

À l'évidence, ils ne sont pas plus capables que moi de s'occuper d'elle. Personne ne pourra y parvenir, d'ailleurs, tant qu'elle n'aura pas pris la décision de s'en sortir.

DROGUE ET PROSTITUTION

Trois mois passent, sans aucune nouvelle de Baby. Tous les matins, j'ouvre ma porte, espérant la trouver sur le palier, mais en vain. L'inquiétude me gagne, parce qu'elle ne m'a jamais laissée aussi longtemps sans donner signe de vie.

Aurait-elle mis fin à ses jours ? Aurait-elle été embarquée dans un réseau de prostitution ? Est-ce qu'elle traîne, à *dealer* dans les bidonvilles ? J'imagine tout et je crains le pire.

J'alerte tout le monde, mais après ces péripéties, personne ne se soucie plus de savoir où elle est, ni les services sociaux, ni la police, ni même ses parents.

Malgré le danger que cela représente, je décide de me rendre là où elle a l'habitude de se cacher lorsqu'elle fugue. À force, j'ai fini par connaître ses planques et certains de ses amis. Ils se trouvent dans les quartiers les plus mal famés d'Iloilo, là où aucun taxi ne pénètre. Mais il n'y a pas de trace de Baby. Personne ne l'a vue depuis trois mois. Elle aurait parlé de partir un jour pour Manille, me dit-on...

Et puis une nuit, la sonnerie du téléphone me réveille. Je sursaute, comme à chaque fois, car c'est de plus en plus fréquemment une menace de mort. J'ai fini par m'habituer à ces sonneries nocturnes et anonymes, mais depuis la disparition de Baby, je suis en attente du moindre signe de vie.

« Allô ! Mommy, c'est Baby... Viens me chercher, s'il te plaît !

– Baby, mais où es-tu ? que se passe-t-il ? »

Elle semble apeurée et me parle en chuchotant, comme si elle m'appelait en cachette.

« Je suis à Quiapo, au *Sam's Pension House.* Viens vite, Mommy, vite ! »

Elle raccroche.

Il est deux heures du matin. Je suis dans mon lit. Je vois surgir une nouvelle situation que ne suis pas sûre de savoir affronter, mais je n'arrive pas non plus à envisager l'idée d'abandonner Baby. Je ne connais pas l'endroit où elle se trouve, je sais seulement qu'il s'agit d'un bordel de Quiapo.

Quiapo est le quartier musulman de Manille. Il est réputé pour être un haut lieu de la criminalité, mais aussi du trafic de drogue. Les profits des trafiquants de *shabu* dans la capitale s'élèveraient à 2 millions de dollars par semaine. Et deux kilos de cette drogue sont vendus chaque jour dans les seules rues de Quiapo.

Impossible de me rendormir. Je me prépare donc à rejoindre l'aéroport et à prendre le premier avion à destination de Manille, pour retrouver une jeune fille perdue au cœur d'une jungle urbaine, dans une mégalopole de 19 millions d'habitants...

Arrivée à Quiapo, je prends un taxi et je lui demande de me conduire dans la maison de passe indiquée par Baby. Les chauffeurs de taxi connaissent ces endroits mal famés, dont certains sont les premiers clients.

On parle souvent des pédophiles étrangers quand on dénonce les abus sexuels sur mineurs aux Philippines, mais il faut dire aussi qu'une énorme proportion des actes pédophiles sont perpétrés par des autochtones. Même si la prostitution est interdite, elle est, de fait, extrêmement répandue et parfaitement tolérée. Il suffit pour un homme de marcher le soir dans les rues de Pasay, de Malate ou de Quiapo pour être interpellé à l'entrée de chaque bar karaoké par des jeunes filles... et de très jeunes filles. La demande est pressante, l'offre sans limites. La prostitution enfantine est devenue un commerce mortifère qui ne se traduit qu'en enfances détruites, en viols et en sida. Pas de chiffres officiels : les autorités ne font guère écho à cette réalité, ceux qui la combattent sont rares, et force est de constater qu'elle est très lucrative...

Je pénètre dans le *Sam's Pension House* le ventre noué et je me force à avancer. Je ne sais pas ce que je vais découvrir et, surtout, je me concentre sur ma capacité à me contrôler si je vois le pire. Je n'ai pour seule arme que mon parapluie, que je tiens serré fermement contre moi. Avec une angoisse croissante, je monte un interminable escalier, étroit et poussiéreux, qui me mène à l'accueil. L'endroit est glauque, j'y suis infiniment mal à l'aise et je n'arrive pas à imaginer Baby dans un lieu pareil.

La jeune fille à l'accueil est surprise de voir une femme et, de surcroît, une étrangère se présenter devant elle. Je ne comprends pas immédiatement son rôle, mais j'observe qu'elle est très dénudée et sans doute mineure.

« Pouvez-vous me dire si Baby travaille ici, s'il vous plaît ?
– Baby ? Quelle Baby ? Il n'y a pas de Baby ici », me répond-elle.

Elle m'a répondu d'un ton guilleret, presque amusé... Et, dans cette situation, le fameux sourire philippin ne m'émeut plus du tout. Il me glace le sang. Le prénom et le nom de famille de Baby ne font pas plus d'effet. Elle doit être ici sous un faux nom et je tente de la décrire physiquement.

« Ah, vous voulez parler de Queen Queen ? »

Il ne serait pas étonnant, en effet, que Baby se fasse appeler la « petite reine ». Ça lui ressemble assez...

« Oui, où est Queen Queen ? Je peux la voir ? »

La fille me demande de la suivre et je m'engage dans les entrailles d'un bouge immonde dont les vapeurs de drogue et les odeurs de sexe me prennent à la gorge. À quoi dois-je m'attendre ? Queen Queen est-elle bien Baby, et qu'ont-ils fait d'elle dans ce bar à putes ? Au fur et à mesure que j'avance, dans l'entrebâillement des portes j'aperçois des gamines d'à peine dix ans, une réalité tellement crue et écœurante que je me surprends à me demander ce qu'elles font là. Je baigne pourtant dans cette atmosphère au quotidien, mais je ne m'y habituerai jamais. Je vois s'effacer tous mes repères.

La jeune fille s'arrête devant une porte et me fait signe d'entrer. Ma main, sur la poignée de la porte, est comme tétanisée. Mon cœur bat la chamade. Ma respiration s'accélère, je ferme les yeux et je pousse la porte.

Baby est bien là, allongée sur un vieux matelas recouvert d'un drap taché de sperme. Elle semble dormir. Je me précipite et je lui tapote les joues. Elle ne réagit pas. Elle transpire et elle est trempée. Le trou à rats n'a pas de fenêtres et la chaleur est intenable. Je comprends vite que Baby est droguée et je la prends dans mes bras, décidée à l'emmener loin, le plus loin possible de cet enfer où je ne la laisserai pas une seconde de plus.

J'ouvre la porte d'un grand coup de pied et je sors en emportant Baby. Rien ne peut m'arrêter, pas même le propriétaire de l'établissement, que j'ai interrompu en pleine action pédophile. Torse nu, ce « gros porc », comme dirait Baby, me poursuit en criant :

« Elle me doit encore 2000 pesos, la petite ! »

Je le fusille du regard et je m'apprête à lui dire que je vais le dénoncer, lui et son hôtel, aux autorités locales quand j'entrevois son pantalon dans la pénombre et crois y reconnaître l'uniforme de la police.

« Espèce de salaud ! »

Sans doute protégée par mon statut d'étrangère, portant Baby dans mes bras, je parviens à sortir. Il n'est pas question de rester à Manille un jour de plus. Nous repartons pour Iloilo où Baby doit tenter de récupérer. Elle ne me dira jamais ce qu'elle a vécu dans l'enfer de Manille et je n'insisterai pas. Je ne veux pas connaître les détails ; j'ai vu les conditions, je constate les dégâts, j'ai assez d'expérience et d'imagination pour préférer oublier et essayer d'avancer.

Malheureusement, les effets du manque apparaissent très vite. Baby ne peut être brutalement privée de *shabu*, et je la vois changer, se dégrader à vue d'œil. Elle devient agressive, violente et paranoïaque.

Je ne compte plus le nombre de fois où je trouve, en rentrant, ma maison sens dessus dessous, la porte d'entrée forcée, mes placards ouverts, mes tiroirs cassés, mon argent et mes bijoux envolés. Tout disparaît : mon appareil photo, ma caméra, mon téléphone portable et même ma télévision. Je me sens trahie par ma propre fille, dépouillée sans aucun scrupule.

Je ne peux rien laisser à la maison, car tout est aussitôt dérobé pour être revendu. Baby a sans cesse besoin d'argent pour acheter de la drogue et elle est prête à tout. Ce constat m'afflige et, de nouveau, m'empêche de travailler normalement. Comment se concentrer dans ces conditions ? J'ai fait face aux côtés de Baby à l'inceste, à la maladie psychiatrique, à la violence, au suicide, à la prison, à la diffamation, à la prostitution. Mais la drogue est un problème que je ne peux affronter seule. Je sais que je ne tiendrai pas longtemps. Je ne me sens plus la force de combattre ses effets, ni les dealers qui me harcèlent pour réclamer l'argent que Baby leur doit. Elle n'a pas hésité à voler de la poudre aux caïds locaux. Elle sait qu'elle risque sa vie en les défiant mais, comme à l'accoutumée, elle n'a peur de rien. Je ne sais pas si les effets de la drogue lui permettent encore de mesurer le danger et les conséquences de ses actes.

« Est-ce que tu sais que tu risques ma vie avec tes bêtises, Baby ? Parce que tes amis, un jour, ils vont venir me tuer. C'est vraiment ça que tu souhaites ? Je ne peux plus continuer comme ça, Baby. Je t'aime mais c'est impossible. »

Pour la première fois, je comprends que je suis arrivée au bout du chemin. Non pas que j'aie perdu tout espoir, mais j'ai conscience d'être désormais inutile. Peut-être même néfaste au salut de Baby. Le réconfort affectif que je lui ai apporté sans compter a désormais des effets comparables aux drogues qu'elle absorbe : il l'éloigne des réalités, de la conscience de ses actes. Il devient vital qu'elle prenne ses distances. Sans doute l'a-t-elle compris aussi.

Je suis immensément triste, bien sûr, et plutôt pessimiste. Mais *Baby* est déjà loin. Cette fois, *Babes* a vraiment pris le dessus... et c'est elle que je vois quitter ma maison, sans savoir si Baby me reviendra un jour.

UNE AMITIÉ BRISÉE

L'association est désormais reconnue sur le plan local et nous travaillons en parfaite adéquation avec les services publics. Les années passent et les résultats sont là : une trentaine de filles ont déjà pu bénéficier du soutien de l'association et ont été réintégrées, avec succès, soit parmi leurs proches soit dans des familles d'accueil. Nous sommes heureux d'avoir choisi de fonder nos programmes plutôt sur la qualité que sur la quantité des résultats. Les problèmes que nous traitons sont délicats et nous n'avons pas droit à l'erreur.

Je suis onze mois sur douze aux Philippines et, malgré la brièveté de mes passages en France, on commence à me remercier officiellement. C'est ainsi que je reçois en 1998, du président Chirac, le «prix du civisme et du dévouement à la collectivité». Je reçois cette reconnaissance, à l'âge de vingt-six ans, à la fois comme un honneur mais aussi comme le symbole du sérieux de mon travail et de la profondeur de ma motivation.

Et pourtant, je suis loin d'imaginer les conséquences de ce prix. Au lieu de m'en féliciter et de partager avec moi, comme je le souhaite, le mérite de cette récompense, Ellien réagit très violemment et s'en attribue presque la paternité.

« Sans moi, tu n'aurais rien pu faire. Pourquoi est-ce à toi qu'on attribue ce prix ? »

Je suis stupéfaite de sa réaction.

– Ellien, c'est un prix remis par les hautes autorités françaises. Il a dû leur sembler logique de le remettre à une Française plutôt qu'à une Philippine.

Le visage d'Ellien demeure fermé. Je poursuis :

– Si le président philippin te donnait une médaille, à toi, pour l'excellence de ton travail, je serais la première à t'applaudir et à en être heureuse. Ce prix, tu le sais très bien, est en fait la reconnaissance de notre succès commun. C'est en tous les cas comme ça que je le considère.

Ellien, à ma grande surprise, commence à s'énerver :

– C'est injuste... Si Caméléon fonctionne, c'est grâce à moi. La meilleure preuve, c'est que si tu pars, aujourd'hui, là, tout de suite, tout continuera parfaitement sans toi !

Je suis abasourdie par la violence soudaine et la haine qui émane de ses propos. Je ne comprends plus rien, je suis sans doute blessée aussi, et mes paroles s'emballent à leur tour.

– Et qui a trouvé tous les financements pour construire le centre d'accueil, pour faire fonctionner les programmes et payer nos employés, y compris toi, d'ailleurs ? Tu ne crois pas que j'ai contribué aussi à la naissance de Caméléon ? Je ne comprends pas que tu puisses l'oublier... C'était notre rêve commun, à toutes les deux, oui ou non ? »

Je considère Ellien avec stupéfaction. Je finis même par me demander si c'est réellement la jalousie qui l'anime. J'en arrive à redouter qu'elle se soit servie de moi pour monter ce projet et, maintenant qu'il est sur des rails, qu'elle souhaite mon départ. Un doute effrayant m'envahit. Je préfère couper court et essayer d'attendre, d'y voir plus clair pour être sûre de ne pas me tromper.

Mais plus le temps passe et plus Ellien devient agressive. Je la surprends, de plus en plus souvent, à tenter de me déstabiliser. Ce sont d'abord des altercations en public devant les mécènes, devant les parrains, puis en présence des volontaires en mission sur place. Un jour où je lui demande un verre d'eau pour une fille qui ne se sent pas très bien, elle sort et revient déverser un seau entier sur mon bureau.

Au moment même où nous devrions nous réjouir de voir s'étendre la cause que nous défendons, Ellien ne me considère plus comme son amie, mais comme sa principale rivale. Le moindre détail est prétexte à une discussion qui se termine en querelle. Le climat se tend, l'ambiance devient insupportable. J'essaie, tant bien que mal, de préserver le personnel de nos polémiques et surtout d'épargner les enfants.

Je m'interroge toujours sur les motivations de son revirement. Le pouvoir, la réussite ? L'argent, peut-être ? J'en viens, non sans honte, à surveiller ses achats et à constater avec inquiétude qu'elle dépense beaucoup en vêtements et en bijoux. L'hypothèse de la jalousie me revient régulièrement. Il est vrai qu'on s'intéresse souvent plus à moi, que notre tandem ne fonctionne plus comme avant. Je tente régulièrement de reprendre le dialogue avec elle, même si, de jour en jour, cela devient de plus en plus difficile :

« J'aimerais qu'on parle, Ellien... Je ne comprends pas ce qui se passe entre nous. Je ne veux pas que les enfants en subissent les conséquences.

– Ce que tu as à me dire ne m'intéresse pas. Rentre dans ton pays, me répond-elle. Je t'ai déjà dit qu'on n'avait pas besoin de toi ici ! »

Soudain, je m'aperçois que Cute a tout entendu. Elle est là, cachée derrière la porte. Doucement, je m'approche d'elle; elle a la tête baissée et ses yeux qui ne pleurent jamais sont pleins de larmes. J'en suis bouleversée. Je lui parle aussi doucement que possible.

« Ne t'inquiète pas, petite Cute, je suis là et je ne partirai pas. Tita Ellien est fatiguée, ces temps-ci, parce qu'elle travaille beaucoup. Elle est un peu en colère contre moi, mais c'est fini. Ça ira. »

Cute lève la tête, je lui fais faire quelques pas en ajoutant :

« Et moi qui croyais que tu ne pleurais jamais ! »

Cute sourit, puis reprend aussitôt son air sérieux et me lance :

« C'est de ta faute ! »

Je reçois ses mots de plein fouet et me sens aussitôt coupable. J'ai voulu, à tort, dédramatiser ce qui avait envahi le cœur d'une petite fille de sept ans. Mal m'en a pris.

En même temps, j'ai la preuve, hélas, qu'Ellien utilise les enfants contre moi. Jamais je n'aurais pu la croire capable de telles manipulations... Et c'est pourtant ce qu'elle est en train de faire. Avec d'autant plus de cruauté qu'elle est mon amie, qu'elle connaît mes faiblesses et donc la meilleure façon de m'atteindre...

Dans un deuxième temps, profitant de son expérience précédente de journaliste, elle mobilise les médias contre moi. C'est d'autant plus tentant pour eux que je suis une étrangère dans ce pays et que le moindre faux pas peut me mettre en situation périlleuse.

Du coup, je perds beaucoup de temps et d'énergie à me défendre, à me justifier quant à des ragots absurdes qui se répandent à longueur de colonnes. On y prétend que je torture les filles, que je les vends aux volontaires expatriés... J'entends même dire que je prive les enfants de repas. Autant de calomnies dont raffolent les médias philippins, et qui finissent par faire la une des radios et télévisions locales.

C'est alors que survient un événement qui va exacerber la campagne lancée contre moi.

On apprend qu'un autre Français, qui a monté une association pour les garçons des rues sur l'île voisine de Guimaras, vient de se suicider. Il s'est pendu parce que, selon la rumeur, il était soupçonné d'abus sur enfants. Bien que je n'aie jamais entendu parler de cet homme et que j'ignore tout de son histoire, vraie ou inventée, déjà les médias et les services sociaux font l'amalgame entre son suicide, qui résonne comme un aveu, et la campagne dirigée contre moi.

Je suis aussitôt convoquée par les services sociaux, qui me posent une pléiade de questions, professionnelles autant que personnelles. N'ayant rien à cacher et pour dissiper le moindre doute, je leur propose de faire une enquête au sein de l'association et d'interroger les enfants. L'enquête qui suit me met assez vite hors de cause et les médias, lassés de ne pas obtenir leur scoop, finissent par se désintéresser de moi.

Les mois passent mais la tension entre Ellien et moi reste palpable. Malgré ses interventions, le conseil d'administration philippin essaie de conserver une prudente neutralité et lui demande, pour finir, de revenir à un meilleur comportement à mon égard, faute de quoi il devrait envisager de la sanctionner. Ellien redouble de fureur et s'en prend alors directement aux membres du conseil d'administration, ce qui ne contribue qu'à la discréditer un peu plus. Son attitude s'apparente de plus en plus à de l'autodestruction, mais, malgré ma tristesse, je ne peux plus rien pour elle. De plus, je suis sans doute la dernière personne qu'elle souhaite avoir à ses côtés.

Les soucis d'Ellien vont s'aggraver avec l'entrée en scène de son compagnon. Ancien drogué, il a fait de la prison pour trafic de stupéfiants et y a fréquenté les gangs d'Iloilo. Mais c'est un passé que j'ai voulu oublier depuis qu'il travaille à l'association. Je le côtoie depuis deux ans et l'amour que lui porte mon amie Ellien a contribué à me rassurer.

Pourtant, quelque chose ne va pas. Depuis un moment déjà, son attitude a éveillé mes soupçons. Il dirige l'un de nos chantiers de construction, mais, jour après jour, les matériaux disparaissent. Le trou dans la caisse se creuse. Parallèlement, il construit, avec Ellien, sa maison à quelques mètres du centre. Ce qui n'apparaît encore que comme une coïncidence m'inquiète et j'essaie d'en alerter Ellien. D'autant que j'ai retrouvé dans leur future maison des matériaux et des outils qui ne leur appartiennent pas. À mes questions, Ellien s'insurge et nie tout en bloc.

« De quel droit te permets-tu d'insinuer des choses pareilles ? Reprends-les, tes outils. Bouffe-les, même, si tu veux ! »

Le conflit s'envenime chaque jour un peu plus. Le malaise aussi.

Les enfants paraissent de moins en moins en confiance auprès d'Ellien et de son ami, mais je n'arrive pas à croire les rumeurs selon lesquelles il aurait eu des mots et des gestes déplacés à l'égard des filles. Ellien refusant toute discussion à ce sujet, j'évoque mes craintes devant le conseil d'administration et en réfère aux services sociaux pour qu'ils fassent une enquête.

Je ne peux enquêter moi-même sur une affaire de mœurs et de détournements dans laquelle est impliquée ma partenaire et mon ex-meilleure amie. Déjà très exposée comme étrangère, cible de choix pour les médias, je n'ai, de plus, aucune envie de finir la gorge tranchée au milieu d'un champ de canne à sucre.

Car aux Philippines, et particulièrement à Iloilo, règne un climat de violence latente. Le touriste de passage ne voit que des sourires et des paysages magnifiques, mais lorsque l'on reste plusieurs années sur place, on découvre un tout autre visage du pays. Les sourires sont certes toujours aussi chaleureux et avenants, mais au moindre incident, tout peut basculer dans la violence et la vengeance. Les Philippins sont très ouverts à la culture occidentale. Sans doute faut-il y voir l'effet paradoxal de trois cent cinquante ans de colonisation espagnole puis d'emprise américaine. Mais c'est l'Asie. Un Philippin ne peut se permettre de perdre la face sans une réaction immédiate et d'une excessive violence. Je suis confrontée très souvent à ce problème, au travail comme dans ma vie personnelle. Non que je fasse volontairement perdre la face à mes interlocuteurs, mais parce que parfois la limite entre le tolérable et l'inacceptable est ténue. Et quand la frontière est franchie, il importe de ne pas dire un mot plus haut que l'autre et de prendre des mesures disciplinaires qui soient justes sans jamais être déshonorantes.

Ma couleur constitue alors un handicap puisque mon pouvoir hiérarchique peut être hâtivement assimilé à une domination du « Blanc » sur le personnel local. Avec Ellien, le problème se double du fait que nous sommes amies et qu'elle est, depuis ma démission volontaire, directrice de l'association...

Nous avons créé Caméléon ensemble et avons toujours eu en tête de faire de ce projet un véritable programme de développement. Il était dès lors fondamental que Caméléon ne repose pas uniquement sur mes épaules et sur des financements extérieurs, mais aussi que ce soit le projet de Philippins au service d'enfants philippins. Depuis la création de Caméléon, tout a été pensé, organisé pour qu'Ellien prenne, à terme, le contrôle de l'association et qu'elle puisse compter sur une équipe philippine performante et motivée. C'est donc tout naturellement que j'ai quitté mon poste de directrice pour confier les rênes de l'association à Ellien. Malheureusement, elle semble vouloir précipiter ma stratégie de retrait, me laissant dans la bouche un goût d'amertume et de regret que je supporte mal.

Il m'est difficile d'accepter que ma partenaire, avec laquelle j'ai vécu les moments les plus joyeux et les plus douloureux dans la mise en place de ce projet, souhaite aujourd'hui que je disparaisse au plus vite afin de gérer l'association comme elle l'entend et surtout, à supposer que ce fût jamais le cas, sans que je parvienne à lui faire de l'ombre.

Mais l'enquête sur les agissements suspects de son compagnon se poursuit et hélas, les rumeurs se confirment au fil du témoignage des enfants. Les services sociaux finissent donc par me convoquer et me demandent de faire en sorte que l'homme en question ne fasse plus partie de l'environnement proche des enfants. Je promets d'agir vite.

À partir de là, les événements se précipitent. L'ami d'Ellien est exclu de l'association, le couple se voit forcé de déménager. Et, désormais, Ellien n'a plus qu'une idée en tête : se venger.

Se venger de Caméléon, se venger de moi... Devant moi, le doigt pointé sur ma poitrine, elle jure de mettre ses menaces à exécution.

Plus rien, désormais, ne l'arrêtera. Son attitude constante s'apparente à une destruction systématique de notre projet commun. Les cris, les insultes, les menaces incessantes pleuvent.

Suite à une série de fautes graves, qu'elle commet presque volontairement, le conseil d'administration lui inflige deux avertissements, puis finit par la révoquer.

Moi-même membre du conseil d'administration, je décide de ne pas prendre part au vote. Je ne le peux pas. Malgré ses menaces, malgré ses insultes, je n'arrive pas à voir Ellien autrement que sous les traits d'une amie que j'ai aimée. Même si je ne cautionne pas son comportement, même si je ne comprends pas son attitude envers moi, je lui trouve des circonstances atténuantes. Je la vois basculer lentement dans un délire paranoïaque. Elle se persuade que c'est moi qui ai provoqué son départ et elle ne pense plus qu'à sa vengeance : me faire payer son malheur, sa désillusion et son déshonneur. Et me le faire payer le plus cher possible...

Dès lors (mais comment savoir si Ellien en est réellement à l'origine ?), je me découvre la cible d'un harcèlement quotidien. Une véritable chasse à l'homme. Ou plutôt à la femme. Un commanditaire invisible engage des tueurs pour m'agresser chez moi. C'est la troisième fois, cette année, que je me retrouve en face d'un inconnu armé qui pénètre chez moi pour m'intimider ou me tuer. Ma voiture est rayée, mes pneus crevés, mon téléphone sonne régulièrement en pleine nuit, je reçois des messages d'insultes sur mon mobile, sur mon mail. Les signes sont clairs. On me fait comprendre que je dérange, que l'on veut me faire partir et, au pire, me faire disparaître. Je ne sais rien de ceux qui m'en veulent. Sont-ils liés à mon travail, à ma vie personnelle ? Difficile de le savoir, vu que je ne reconnais aucun de mes agresseurs.

Je ne me sens plus en sécurité et je redeviens une étrangère dans un pays qui m'a adoptée mais qui, aujourd'hui, me renie et me jette dehors. Je me sens incomprise et seule. Terriblement seule. Le succès de Caméléon doit-il immanquablement entraîner ma perte ? Est-ce là le prix à payer pour avoir osé réaliser mon rêve ?

UNE COLLABORATION EXEMPLAIRE

À chaque menace ou agression, je porte plainte au poste de police, afin que tous ces incidents soient enregistrés au cas où il m'arriverait malheur. La chef inspectrice de police, Erna F., a déjà eu affaire à moi de nombreuses fois. Je suis une des rares étrangères à Iloilo et son bureau est responsable de ma protection. Mes passages répétés au poste, tant pour Baby que pour moi, attirent son attention et elle décide de s'occuper personnellement de ma sécurité. Je suis rassurée : elle a été reconnue parmi les dix meilleures femmes chefs inspectrices des Philippines. Elle fait son travail avec beaucoup de sérieux et n'est pas corrompue, contrairement à la plupart des policiers du pays.

Ma relation avec elle évolue au cours des années. Elle s'est d'abord montrée très méfiante vis-à-vis de moi en raison des calomnies d'Ellien et de certaines filles qu'elle était parvenue à manipuler. Les enquêtes ont heureusement démontré que ces histoires avaient été montées de toutes pièces par des personnes malintentionnées pour me détruire, en même temps que Caméléon.

Erna veille à ma sécurité et n'hésite pas à déléguer un agent de police à mon domicile le soir lorsque les menaces s'intensifient. Elle m'interdit de prendre ma moto, pour éviter d'être trop visible lors de mes déplacements et de m'exposer à des risques inutiles. Je peux facilement être la cible de tireurs embusqués. Il suffit d'ailleurs de tendre un fil en travers de ma route pour provoquer un accident fatal. J'obéis, je fais confiance à la police et me plie aux règles élémentaires de protection. Je ne veux pas risquer ma vie inutilement.

Ma « maman philippine », le Dr Alice Saldana, qui est aussi ma propriétaire, se fait beaucoup de souci pour moi. Après la troisième agression dans son *compound*, elle décide de renforcer la sécurité de ma maison. Elle fait installer du fil barbelé sur le portail, met des barreaux à mes fenêtres, remplace les carreaux cassés, change la serrure défoncée de la porte d'entrée et, comme mon agresseur était passé par la rivière, elle fait planter des piliers de bois dans l'eau, qu'elle relie avec du barbelé et des pneus. Quel chantier ! Ma jolie petite maison sur pilotis devient un véritable bunker. Je me sens emprisonnée et ce sentiment de perte de liberté m'étouffe. Doit-on vraiment en arriver là pour rester saine et sauve ? Comme si cela ne suffisait pas, Alice me fait un cadeau merveilleux. Elle connaît ma passion pour les animaux, alors elle m'apporte un jour un paquet. C'est une boule noire qui s'appelle « Kalip » et c'est un bébé rottweiler ! Les chiens de race sont rares aux Philippines et je suis touchée par une telle attention.

« Ce petit chien deviendra gros et fort et il veillera à ce que personne n'entre pour te faire du mal.

– Merci, Alice, heureusement que vous prenez soin

de moi ! Je m'occuperai bien de mon nouveau compagnon... promis ! »

Je m'adapte à mon nouveau mode de vie, fait de contraintes. Je comprends mieux ce que peuvent ressentir les filles qui sont envoyées à Caméléon et qui, du jour au lendemain, doivent changer leurs habitudes et se fondre dans un nouvel environnement.

Erna est impressionnée par le fait que je ne baisse pas les bras et que je continue d'agir pour les enfants, et ce malgré les menaces et les difficultés que je rencontre au quotidien. Très engagée elle-même dans le secteur de la protection de l'enfance, de la prévention contre les abus sexuels et de la lutte contre la drogue et la prostitution de mineures, elle reconnaît l'intérêt de mettre nos forces en commun. Elle est une représentante du secteur public, j'appartiens pour ma part au secteur privé, mais nos actions ne sont pas incompatibles. Bien au contraire, quoi qu'il arrive, elles doivent aller dans le même sens.

Le maire d'Iloilo est également concerné par la problématique des enfants des rues et sa femme, Rosalie T., est très active auprès des associations locales. C'est une alliée privilégiée pour Erna et moi : notre trio sera décisif dans les projets futurs.

Les besoins en matière de protection de l'enfance, aux Philippines en général et à Iloilo en particulier, restent immenses et nous devons redoubler d'efforts. Les enfants des rues, filles ou garçons, sont à la fois victimes et délinquants. La frontière est si fine que tout peut basculer, d'un côté comme de l'autre, en un instant. Les conséquences peuvent être dramatiques.

Erna, Rosalie et moi démarrons une collaboration active et traçons les grandes lignes d'un projet qui nous tient à cœur : la création d'un centre fermé pour mineurs délinquants. La situation des enfants en prison et les abus de tout genre sont intolérables et nous voulons agir pour proposer une solution concrète et définitive.

Nous souhaitons mettre en place un projet-pilote dont le but est que les enfants ne soient plus mélangés aux adultes dans des prisons inhumaines et surpeuplées, afin que le processus de réhabilitation et de réinsertion puisse se faire dans de meilleures conditions.

À la fin du premier reportage qu'*Envoyé spécial* a réalisé en 2003, je disais que mon rêve était de créer à Iloilo, avec mon amie Erna, un centre fermé pour les garçons. Un téléspectateur belge entend le message et fait un don généreux qui me permet de concrétiser ce rêve. Le gouvernement belge accepte de le financer par l'intermédiaire du VIC et, en tant que coordinatrice régionale aux Philippines, j'en assure la supervision.

Nous créons l'association IJWA (Iloilo Juvenile Welfare Association) et mettons en place un concept tout à fait unique aux Philippines qui, nous l'espérons, servira d'exemple. Il s'agit de faire collaborer une association non gouvernementale et les autorités publiques au sein d'une même entité. La directrice du centre fermé, le personnel administratif et les parents de substitution sont sous la tutelle d'IJWA, tandis que les gardiens, les policiers, les assistantes sociales, les instituteurs et le personnel de santé sont délégués par le secteur public. Tous travaillent ensemble, dans le centre fermé, dans le meilleur intérêt des enfants.

Il est incroyable que dans un pays comme les Philippines un tel projet puisse exister et ses résultats sont très encourageants.

Non seulement les enfants ne font plus l'objet de maltraitance lorsqu'ils sont en prison, mais le gouvernement local prend, petit à petit, ses responsabilités et couvre la plupart des frais engagés pour la prise en charge des détenus. L'objectif à cinq ans est ambitieux : IJWA, qui a participé au démarrage du projet et l'a structuré, devra s'effacer pour laisser l'entière responsabilité du centre au gouvernement local.

Un nouveau défi est lancé. Notre trio et notre équipe sont prêts à le relever, pour ne plus faire des enfants des adolescents délinquants et des adultes criminels.

VICTIMES OU DÉLINQUANTS

Ils sont là tous les jours, au même endroit, dans « leur rue ».

Telle une nichée de chiots qui se protègent de la pluie, les enfants s'endorment sous un pont en béton, à l'abri des regards. Deux gamins somnolent tête-bêche, tandis que les trois autres, dont une petite fille, occupée à épouiller sa sœur, sont assis, silencieux, le regard perdu au-delà du rideau de pluie.

Le plus âgé des garçons doit avoir quinze ans, les plus jeunes six ans. Leurs hardes puent l'odeur acide du solvant avec lequel ils se « défoncent ». À côté de la petite fille est posé un ours en peluche aussi crasseux que les gosses. Des chatons faméliques errent autour des détritus qui jonchent les alentours et sur lesquels picorent quelques poulets. Avec la pluie chaude montent des relents d'urine. Tel est le quotidien de ces enfants de nulle part. Ils sont posés là et n'attendent plus rien de la vie. Ils sont si jeunes qu'on se demande comment cela est possible. Où sont donc ces parents qui ont mis au monde des enfants sans pouvoir s'en occuper et sans même réfléchir que leur vie ne serait que souffrance et désillusion ?

À Quezon City, au nord de Manille, le scénario est pire dans la chute aux enfers. Les enfants abandonnés, jetés à la rue ou maltraités se réfugient au cimetière. Ils vivent là avec les morts et se sentent plus en sécurité que dans la rue. «Au moins, eux, ils ne nous font pas de mal», dit Sheila Mae d'une voix rauque et tuberculeuse.
Et puis la mort, ils la côtoient depuis qu'ils sont nés. C'est comme une deuxième maman, ils n'en ont pas peur, elle leur tend la main à chaque instant.

Le jour, ces enfants du pavé errent dans la rue pour gagner quelques pesos. Ils lavent des voitures, mendient, volent, se prostituent pour acheter de la colle, celle qu'on appelle la «rugby». Elle coupe la sensation de faim et donne aux enfants l'illusion d'être forts. Ils vivent en clan, ils font l'amour entre eux... ils reproduisent leur misère.

Entre deux tombes retentissent les cris d'un bébé. La maman, une adolescente de quatorze ans à peine, filiforme dans un tee-shirt qui lui descend jusqu'aux genoux, avance comme un zombie, pieds nus dans les flaques d'eau. Son pas incertain est rythmé par le claquement sec du sac en plastique qu'elle tient contre sa bouche lorsqu'elle le gonfle, avant d'aspirer l'air chargé d'effluves du solvant qu'il contient.

Elle laisse tomber le sac pour prendre son enfant, qu'elle reconnaît encore et, d'un geste maternel qui vient de loin, lui donne le sein. Quel avenir pour ce bébé né dans le cimetière, qui connaît davantage le goût de la colle que celui du lait ?

Les enfants fantômes en haillons, aux crânes tondus et aux visages recouverts d'une patine de crasse, déambulent dans les allées tels des morts vivants. C'est une vision surréaliste, insupportable, et pourtant ils sont tellement nombreux !

Les adolescents ont perdu l'apparence de l'enfance. Ils sont marqués physiquement par les blessures et les effets néfastes de la drogue, de l'alcool et de la maladie. Tina a la tuberculose et Wilma a contracté la syphilis en couchant avec un chauffeur de tricycle pédophile qui avait sans doute déjà contaminé sa femme et ses propres filles. Ces enfants sont en survie et plus rien ne compte pour eux, sinon leurs pairs, leurs *barkadas*, leur unique famille.

Ils ont besoin de se rattacher à une histoire, eux qui n'ont, pour la plupart, jamais eu d'identité, pas d'acte de naissance ni d'acte d'abandon. Ils ne connaissent pas leur vrai nom et ne savent pas non plus d'où ils viennent. Ils ne se le rappellent plus. Leurs souvenirs d'enfants ont une tout autre couleur que celle du bonheur.

Certains garçons perdent même l'identité de genre. Ils se sentent femme, s'habillent en femme et se maquillent. Brian est hermaphrodite, garçon et fille à la fois, il est grand et fin. Il parle avec une voix efféminée et maniérée ; il aime se faire remarquer en riant à gorge déployée... une façon pour lui d'exister dans ce monde de brutes. Il se prostitue et utilise son corps à toutes fins... Brian a le sida. (Source NEDA : trente-six cas recensés sur la Région VI en 2006, dont vingt-six hommes.)

« Mes clients me trouvent belle, me dit-il. Et toi, Cana (diminutif d'Americana : les Philippins font souvent l'amalgame entre Blancs et Américains et il est courant que les jeunes des rues appellent les Blancs « Jo » ou « Cana »), comment tu me trouves ? Bientôt je serai aussi blanche que toi ! » s'exclame-t-il en passant la main dans ses longs cheveux noirs et en s'éloignant avec un ricanement.

Ces adolescents qui ont tout perdu de l'enfance sinon leur âge, sont les laissés-pour-compte d'une société qui va mal. D'innocentes victimes, on fait d'eux des délinquants que l'on met en prison pour vagabondage, appartenance à un gang, ou bien encore parce qu'ils sont pris en train de sniffer de la colle ou de *dealer*, de voler ou de se prostituer pour manger. Ils ne savent faire que cela, puisque c'est leur quotidien depuis qu'ils sont nés. On les sanctionne pour leur interdire ce qui leur permet de survivre au lieu de leur donner d'autres moyens d'exister. Ils n'ont que faire du moralisme si, derrière, il n'y a que du vide, s'il n'y a pas de solution à leur proposer. Les plus âgés se sont endurcis et sont devenus agressifs, rebelles contre toute forme d'autorité. Ils nourrissent une méfiance profonde vis-à-vis des adultes, qui les ont trop souvent abusés, maltraités, exploités. Tous ont en commun ces blessures visibles au corps et à l'âme qui emportent une enfance, polluent à jamais la mémoire et figent un avenir.

La prison, je la connais, j'y suis allée tous les jours voir Baby. Et lorsque j'étais en mission à Manille, j'ai vu ces enfants rasés et parqués par soixantaines dans des cages à lapins, mélangés aux adultes et accrochés aux grilles comme des petits singes aux sourires édentés.

Bong Bong, quinze ans, est là depuis quatre mois parce qu'il a volé un jean dans un magasin. Dans sa cellule de 70 mètres carrés, ils sont près de cent détenus, dont vingt gamins. Comme dans des clapiers, trois rangées de litières sont superposées le long des murs. Sur chacune se serrent deux prisonniers. Faute de place, beaucoup dorment assis par terre, les jambes repliées et la tête sur les genoux.

« Ici, on ne peut pas tous dormir en même temps, parce qu'il n'y a pas de place. On dort à tour de rôle, mais les adultes sont méchants : ils nous chassent pour s'étendre et on n'a plus qu'à se recroqueviller sur 30 centimètres pour dormir », dit Bong Bong en souriant, malgré la terrible réalité que traduisent ses propos.

Quatorze mille mineurs sont détenus aux Philippines, dans des conditions très difficiles. La majorité de ces enfants sont incarcérés pour des petits délits et les deux tiers sont en détention provisoire pour des périodes excédant la durée de la peine encourue (deux à cinq ans parfois). Dans les cellules surpeuplées, les conditions d'hygiène sont déplorables. La chaleur humide est intenable, il n'y a pas d'aération et les toilettes se réduisent à des trous souvent bouchés. Quant à la douche, c'est un jet d'eau qui permet d'asperger les enfants une fois par jour.

En prison, les gamins qui, par miracle, n'avaient pas connu d'abus dans la rue en feront à coup sûr l'expérience. Ils sont régulièrement victimes de tortures, de traitements inhumains et dégradants. Rien de surprenant lorsque l'on sait que les enfants sont emprisonnés avec des adultes accusés de pédophilie, de viols et de meurtre. Cette situation est dénoncée par les associations locales et internationales de défense des droits de l'homme, parce qu'elle est contraire aux normes et standards internationaux, et notamment à la Convention internationale des droits de l'enfant et à la Convention contre la torture, toutes deux ratifiées par les Philippines.

Avec mon amie Erna et mon amie Joy T., avocate à la Cour suprême de Manille et vice-présidente de l'ASAP (Albert Schweitzer Association Philippines), nous militions depuis des années pour obtenir une révision de la loi et protéger davantage les enfants dit « délinquants ».

La réaction des pouvoirs publics n'a lieu qu'en mai 2006, après une campagne de lobbying soutenue. Le « Juvenile Justice Welfare Act 2006 », entré en vigueur à cette date, interdit de mettre en prison des mineurs de moins de quinze ans (neuf ans, auparavant) et limite le recours à la détention pour les mineurs âgés de quinze à dix-huit ans. Ce nouveau texte, fondé sur les principes d'une justice réparatrice, introduit de nombreuses alternatives à la détention, tels la réprimande, les excuses, la restitution des biens, la réparation des dommages, l'amende ou le travail d'intérêt général.

Cette nouvelle loi, qui a un effet rétroactif, devrait permettre dans un premier temps de décongestionner les centres de détention et d'éviter que les mineurs ne soient incarcérés avec les adultes. Toutefois, si elle constitue un progrès indéniable pour la protection des droits de l'enfant, beaucoup de questions et d'incertitudes demeurent quant à son application.

En effet, la loi met l'accent sur la prévention, les alternatives à la détention, la réhabilitation, la réinsertion et le suivi de l'enfant, mais le système de justice et les structures sociales actuels ne sont pas adaptés ni équipés pour mener à bien cette nouvelle mission. Le système judiciaire est défaillant et très lent, et les travailleurs sociaux ne sont pas suffisamment nombreux. Pour compenser ces carences, la justice philippine se décharge sur les associations locales, qui interviennent en prison pour améliorer le quotidien des personnes détenues.

Enfin, bien qu'un laps de temps plus ou moins long s'écoule inévitablement entre le vote d'une loi et son application, la situation actuelle des enfants en détention doit être considérée comme une priorité d'action.

LE MOMENT DE PARTIR

Lorsque j'ai créé Caméléon, il y a sept ans, j'ai toujours dit au personnel que je partirais un jour et que ce seraient eux, les Philippins, qui tiendraient les rênes de l'association. J'ai vu, autour de moi, trop de projets qui ne reposaient que sur une personne et devenaient l'œuvre d'une vie. C'est dangereux, car lorsque le fondateur disparaît, tout le projet s'écroule. Ce modèle est à l'inverse de l'idée que je me fais du développement.

Je ne veux pas de cela pour Caméléon, ce n'est sain ni pour la structure, ni pour l'équipe, ni pour moi. Le personnel et le conseil d'administration philippins l'ont compris, nous avançons dans le même sens, avec le même objectif : faire de Caméléon une action efficace et pérenne, avec ou sans moi.

Les problèmes que nous avons rencontrés à différents niveaux du projet nous ont fait prendre du retard, mais ma décision reste inchangée : je vais rentrer en France prochainement et laisser mon équipe gérer le programme que nous avons minutieusement mis en place. Les assistantes sociales encadrent parfaitement les filles, j'ai confiance en mon conseil d'administration, l'équipe est soudée et je ne crains pas de leur laisser, en quelque sorte, ce qui fut « mon bébé ». C'est une sage décision que de partir lorsque votre présence sur le terrain n'est plus indispensable. Je sais que je serai à présent plus utile en France, parce qu'après toutes ces années d'expatriation un gros travail de coordination reste à faire.

Je décide également de ne pas renouveler mon contrat avec le VIC et de recruter une personne qui me remplacera en tant que coordinatrice régionale. Les partenaires comprennent ma décision et m'apportent leur soutien dans ce moment difficile qu'est le départ.

Les au revoir sont déchirants. Je multiplie les *despedida* (fêtes de départ) avec les enfants, avec mes amis, avec les ONG partenaires et nous essayons de nous séparer dans la joie et la bonne humeur. Mais qu'il est difficile de quitter des enfants que l'on aime et que l'on a quasiment élevés ! J'ai aussi du mal à me séparer de mes animaux, dont je suis si proche. Mes chiens, mes chats, mes lapins, mes singes, mes oiseaux et même le varan que les filles m'avaient offert pour mon anniversaire. Tous vont me manquer et Crapouille, ma fidèle chienne qui est à mes côtés depuis dix ans, a tout compris. Pourtant, je pars sereine parce que ma décision a été mûrement réfléchie. Je ne quitte pas mon pays d'adoption sur un coup de tête, je n'abandonne pas ma mission et mes responsabilités, je ne fuis pas à cause de menaces ou de calomnies, je pars fière de ce qui a été réalisé, la tête haute et le cœur enrichi de moments forts qui ne me quitteront jamais.

J'aime ce pays, malgré les contrastes qui le caractérisent, et je me sens un peu philippine. C'est normal, je suis arrivée à dix-huit ans, je repars à trente ans et, à présent, la devise nationale « *Maka-Diyos, Maka-Tao, Makakalikasan at Makabansa* » (« Pour l'amour de Dieu, du peuple, de la nature et du pays ») me parle. Je ne chante pas l'hymne national la main sur le cœur, comme le font mes amis à chaque cérémonie, mais je me sens proche de leur culture tout en restant bel et bien française.

Je fais ma valise la veille du départ et elle pèse déjà 76 kilos... comme si je ne parvenais pas à laisser sur place douze ans de ma vie. J'ai envie de tout emporter, pour ne rien oublier. Heureusement, ce ne sont pas les sourires des enfants qui m'alourdissent le cœur, et ce sont eux que j'emporte avec moi.

Il est minuit et – signe du destin ? – ma valise, que je viens de fermer, me tombe brutalement sur la main. Je sens une douleur telle une décharge électrique et me mets à trembler, à grelotter. Je comprends que je viens de me faire une fracture au niveau du métacarpe. Mon avion pour la France est prévu pour demain matin et je n'ai plus beaucoup de temps pour me soigner. Je pars aux urgences, on me fait une radio et le médecin me confirme que ma main est fracturée.

« C'est la fracture du boxeur ! » me dit-il en riant.

Effectivement, c'est amusant. Je suis là depuis des années, je pratique le taekwondo, j'ai dû me défendre physiquement à de multiples reprises, et c'est la veille du départ que je me casse la main... avec ma valise. Je suis sûre que mes amis ne me croiront pas lorsqu'ils verront mon plâtre mais c'est pourtant bien la valise qui a eu raison de moi ce soir.

Je rentre handicapée à la maison et trouve sur mon palier celle que je cherche depuis deux mois et qui a choisi une autre vie. Baby est là à m'attendre et ses yeux pleurent depuis des heures, elle sait que je pars et ne s'en remet pas. Ses larmes me rassurent : malgré la tristesse, Baby ouvre son cœur et se souvient de moi.

« Bonsoir, Baby, je suis heureuse que tu sois là. Où avais-tu donc disparu tout ce temps ? »

Baby baisse la tête et se renferme. J'ai du mal à la reconnaître, parce qu'elle a beaucoup maigri et que ses yeux sont hagards. La drogue a fait son effet et le résultat m'insupporte. J'avais chassé de mon esprit tous ces moments douloureux que nous avons passés à combattre la maladie et la drogue, je ne veux plus y penser... Pas maintenant.

« Viens, Baby, entre, je pars dans quelques heures et j'aurais aimé te voir avant, tu sais.

– C'est ça, pars ! Va-t'en et laisse-moi, et ne reviens jamais ! »

Ses paroles me font mal parce qu'elles sont un cri du cœur, mais il arrive trop tard.

Je tente de lui expliquer les raisons principales de mon départ, mais je doute que dans l'état où elle est, elle ait envie de les entendre. L'une concerne, certes, ma mission principale aux Philippines qui s'achève, mais l'autre la concerne directement. Depuis six ans, je prends soin d'elle quasiment jour et nuit, plus qu'une marraine et autant qu'une maman, je n'ai jamais failli à mon devoir même dans les pires moments, mais je ne veux pas lutter contre la drogue, parce que c'est une mission perdue.

« Souviens-toi, Baby, de ce que je t'ai dit un jour : si tu ne t'aides pas toi-même, alors les autres ne pourront rien pour toi, y compris moi et malgré l'amour que je te porte. La clé du bonheur est en toi... prends-la avant de tout perdre. »

Baby se bouche les oreilles et me regarde, les yeux pleins de larmes. Ma gorge se serre, mais je m'efforce de ne pas laisser transparaître mes émotions. Je lui dis simplement que je l'aime et que je ne l'abandonne pas.

« Puisque tu ne m'écoutes pas et que tu penses avoir raison, alors fais ta vie comme tu l'entends, tu es adulte à présent. Mais fais attention, Baby, personne ne viendra te chercher en prison, ne l'oublie pas... »

Je me prépare à partir pour aller à l'aéroport. Baby me suit, elle s'accroche à moi, elle me retient, désespérée. Tout s'écroule d'un coup autour d'elle. Je sais ce qu'elle ressent, mais j'avance et monte dans le taxi. Elle s'y engouffre avec moi et se blottit contre moi comme une petite fille après un cauchemar.

C'est un des moments les plus difficiles que j'aie eu à vivre aux Philippines. Je ne peux pas supporter de faire souffrir un enfant et un sentiment de culpabilité m'envahit rapidement. Je dois être forte et ne pas céder, pas cette fois-ci, parce que c'est, je le sais, la meilleure façon d'aider Baby.

Je m'apprête à entrer dans l'aéroport. Baby n'est pas autorisée à me suivre. Elle est saisie d'une crise de panique et se jette à mes pieds en hurlant et en me suppliant de ne pas partir, de ne pas la laisser seule. Tout le monde nous regarde et je me sens très mal à l'aise. Je suis « l'horrible maman » qui abandonne son enfant lâchement, sans pitié, sans émotion, sans regret. Comment dire aux gens qu'ils se méprennent ? Comment faire comprendre à Baby que je l'aime ?

« Baby, maintenant, soit tu continues de te droguer, tu descends au plus bas et c'est la mort au bout, tu le sais ; soit tu te réveilles, tu arrêtes tous tes comportements, tu prends ta vie en main et je serai là pour t'aider comme je l'ai toujours fait. C'est toi qui choisis, d'accord ? »

Je l'embrasse une dernière fois. Mon bagage est lourd, il contient tous mes souvenirs, mais il ne me retiendra pas, je pars...

DE RETOUR EN FRANCE

Je suis comme parachutée dans mon propre pays. Le retour est brusque, je passe d'une vie à l'autre en l'espace de quelques heures. Je suis heureuse de retrouver ceux que j'aime, ma famille, mes amis, mes animaux. Ma grand-mère m'attend à l'aéroport, le mouchoir à la main, pour la dernière fois sans doute. Elle est soulagée et heureuse que je sois revenue saine et sauve, en bonne santé.

« Tu vas rester en France, maintenant ? Tu ne pars plus, n'est-ce pas ? »

C'est une page de ma vie que je tourne et j'en suis fière, parce que je suis allée au bout de mon rêve et qu'il a sauvé des vies.

« Alors, raconte ! » me disent tous les gens que je rencontre et qui, pour certains, ne m'ont pas vue depuis dix ans.

C'est l'euphorie, ils veulent tout savoir et, si possible, les anecdotes les plus croustillantes. Mais ce ne sont pas celles que j'ai envie de partager. Les souvenirs sont encore si frais qu'ils se mélangent dans ma tête et sortent en éclats lorsque l'on ne s'y attend pas, comme la lave qui jaillit d'un volcan. Ce n'est pourtant pas la première fois que je rentre des Philippines et que je dois partager, comme une obligation due à mon action, mes émotions. Toutefois, ce retour marque un tournant de ma vie et j'ai plus de mal à m'exprimer, comme si je voulais garder au fond de moi ce qui m'appartient, mon jardin secret. Je dois prendre un peu de temps et le recul nécessaire pour être objective et délivrer le bon message.

Je dois aussi opérer ma réinsertion en France et ce n'est pas chose facile. Le décalage est immense et je prends sur moi, je ferme les yeux lorsque je vois le gaspillage qui est fait. Et j'aimerais être sourde quand j'entends certains discours indigestes de la bouche des plus riches ou des plus égoïstes. Je dois apprendre à relativiser, à ne pas comparer ce qui n'est pas comparable, pour ne pas sortir de mes gonds. Heureusement, j'ai soigneusement préparé ce retour, alors je savais ce à quoi j'allais être confrontée. Il s'agit maintenant de le prendre avec philosophie et de transformer le négatif en positif.

Mon portable sonne et Baby est au bout du fil. Je m'attends au pire et, encore une fois, j'ai raison. Elle est de nouveau en prison pour avoir dormi plusieurs nuits dans un hôtel de passe et commandé des repas sans payer la note. Elle a réussi à emprunter le téléphone d'un gardien qui ne sait sans doute pas qu'elle m'appelle en France. Elle me demande de l'aider à sortir.

« Que veux-tu que je fasse, Baby ? Tu assumes tes bêtises une fois de plus et le jour où tu arrêteras, je serai là, je te l'ai déjà dit ! »

Je suis très déçue et un peu nostalgique de moments forts passés aux Philippines. Lorsque je prends le métro parisien, les sourires des filles me manquent terriblement. Mais, de temps à autre, des Philippins vivant à Paris montent dans la rame et ravivent la petite flamme au fond de moi qui me réchauffe le cœur et me donne envie de continuer. Ma mission n'est pas terminée, j'ai beaucoup de choses à faire ici pour que le programme aux Philippines perdure et que le grand public soit informé au mieux de nos actions. C'est mon rôle à présent, je dois communiquer et convaincre de nouveaux partenaires de se rallier à la cause que nous défendons.

Qui mieux que moi, à Caméléon, peut témoigner en Europe de ce qui se passe aux Philippines et de la manière dont nous travaillons avec les autorités locales pour faire avancer les choses ? Je prends ce nouveau rôle à cœur, mais avant d'être capable de l'assumer pleinement, je dois me prendre en charge financièrement et me réinstaller enfin dans mon pays.

Lorsque vous vous expatriez pendant dix ans et que vous rentrez, vous n'êtes plus rien dans votre propre pays. L'administration vous oublie, vous n'avez droit à rien. C'est difficile à digérer lorsque vous avez cotisé pendant tout ce temps et travaillé légalement. Mais je n'ai jamais travaillé en France et le problème semble venir de là. J'ai travaillé aux Philippines et pour la Belgique, et dans cette Europe dont on prône sans cesse les avantages, on ne me reconnaît pas comme citoyenne active. Je n'ai pas droit au chômage et je dois très vite trouver un travail pour vivre dans cette jungle parisienne. Le revers de médaille est un peu sec, parce que je n'ai pas l'impression de n'avoir rien fait pendant ces dix années.

J'entame une recherche d'emploi active et suis très vite convoquée à des entretiens. Cela me rassure de voir que mon profil atypique intéresse certaines associations. Ce n'était pas gagné d'avance, parce qu'en général les gens comme moi font un peu peur. Mon poste était polyvalent aux Philippines, j'ai touché à tout, entrepris et géré beaucoup de choses, y compris des états de crise inhabituels en France. Certains employeurs craignent que je ne sache pas m'adapter à un emploi du temps précis et que je m'ennuie dans mon travail.

Je suis très motivée pour travailler dans le secteur associatif et ravie à l'idée de ne plus me concentrer uniquement sur Caméléon. J'ai envie de découvrir d'autres domaines, de rencontrer de nouvelles personnes et, bien sûr, de mettre à profit toute mon expérience de terrain au bénéfice d'une ONG française.

La découverte d'une culture étrangère et d'un mode de vie différent du nôtre est passionnante et enrichissante, mais lorsque l'on porte certaines responsabilités, on a parfois tendance à vouloir instaurer un mode de travail plus efficace et plus organisé qui ne convient pas forcément au pays d'adoption. Alors il faut savoir s'adapter, être patient, tolérant et diplomate. Ce sont des atouts que je sais à présent utiliser dans ma vie quotidienne et mon travail. Il est difficile de me déstabiliser, parce que j'ai été menée à rude épreuve là-bas, dans mon autre pays.

Réinsertion réussie

C'est le professeur Francine Leca, chirurgien cardiaque renommé, qui la première me tend la main pour m'offrir un poste au sein de l'association Mécénat chirurgie cardiaque, dont elle est la fondatrice et présidente. L'association a pour mission d'« accueillir en France des enfants du monde entier atteints de malformations du cœur, de les opérer et de les ramener chez eux en pleine forme ». Pendant un an et demi, je vis une expérience très enrichissante auprès de cette grande dame et de son équipe qui m'accueillent à bras ouverts. Je m'occupe de monter les dossiers des enfants avec leurs parents et les référents locaux, d'organiser le convoyage et de les placer en familles d'accueil pendant deux mois. Le contact avec les cultures principalement africaines m'enrichit et lorsque la finalité de mon travail est de sauver des vies d'enfants, alors je le fais avec d'autant plus de motivation. Je ne suis qu'un maillon dans cette chaîne de solidarité, mais je prends plaisir à travailler avec mes collègues, moi qui n'ai jamais eu affaire à autant d'interlocuteurs français.

Trop longtemps coupée de tout et privée d'activités culturelles, je ressens le besoin de visiter des musées, d'aller au théâtre, d'écouter des concerts. Aux Philippines, je n'avais accès à rien, sinon au cinéma américain. J'aime la musique classique et surtout le piano. Un soir, je reste scotchée devant ma télévision à écouter une jeune pianiste invitée à une émission musicale. Elle s'appelle Laure Favre-Kahn, je ne la connais pas mais sa personnalité et son interprétation me parlent. Je me rends à l'un de ses concerts et là me vient une idée. Si je lui demandais d'être la marraine de Caméléon ?

Je la rencontre et elle accepte immédiatement, à condition, me dit-elle, d'aller voir les enfants aux Philippines pour se rendre compte de la situation et se faire le meilleur porte-parole possible. C'est une proposition qui me plaît, elle témoigne de la sincérité de son engagement. Cela signifie donc pour moi un retour aux Philippines pour une courte visite dans les mois prochains. Il faut que je m'y prépare.

Et puis, signe du destin, tout s'enchaîne très vite. L'émission *Envoyé spécial* fête ses 15 ans. Le premier reportage, diffusé en 2003 pour la 500e émission, avait marqué les téléspectateurs qui avaient réagi nombreux pour aider l'association. L'équipe d'*Envoyé spécial* souhaite revenir sur ce formidable élan de générosité et présenter les résultats obtenus depuis deux ans. Guilaine Chenu et Françoise Joly, rédactrice en chef et présentatrice, viennent sur le terrain filmer nos actions.

Me voici repartie aux Philippines un peu plus tôt que prévu, seulement six mois après mon retour en France. Je propose à Laure Favre-Kahn de venir avec l'équipe de télévision et lui demande de donner un concert pour les filles, qui ne connaissent pas la musique classique. Elle accepte. Nous nous envolons. Pour moi, c'est le retour à la source.

Les retrouvailles sont émouvantes et je me sens de nouveau chez moi. C'est comme si je rentrais à la maison après un long voyage. Je serre Cute dans mes bras. Qu'est-ce qu'elle a grandi ! Même Baby est là à m'attendre et je ne peux retenir mes larmes. De joie, cette fois. Le cauchemar est fini, Baby semble en forme et elle a beaucoup mûri. La rupture était nécessaire et bénéfique. Elle a enfin compris.

Je suis très touchée et honorée que Guilaine Chenu et Françoise Joly aient tenu à faire le déplacement aux Philippines pour réaliser ce beau reportage. Il plaît aux téléspectateurs et, à nouveau, l'impact est grand.

Les institutions humanitaires dépendent de leurs donateurs et ceux-ci seront d'autant plus enclins à être généreux que leur action sera plus visible sur le terrain. Aucune organisation n'échappe aujourd'hui à ce besoin de visibilité. Si les médias ne parlent pas de vous, vous n'existez pas. L'effet pervers observé est qu'il semble plus efficace d'être présent là où sont les médias plutôt que là où sont vraiment les victimes. C'est à ce niveau que ne convergent pas toujours les logiques institutionnelles et les logiques d'aide aux victimes. Je réprouve totalement cet état de fait. Je suis là où les enfants ont besoin de moi et, par chance, les médias me suivent. Sans doute parce que ce sont des journalistes de qualité.

Le reportage d'*Envoyé spécial* est l'occasion pour moi de témoigner de nos joies et de nos difficultés, de mettre en avant nos besoins et de partager nos rêves avec le public.

Mon appel est entendu, puisque l'entreprise Clarins reconnaît la qualité de notre action en me remettant le prix de la « Femme dynamisante 2005 », qui me permet de construire un deuxième centre d'accueil. Je rejoins le cercle des « femmes d'exception » mises à l'honneur par Clarins et qui regroupe Christine Janin, sœur Emmanuelle, Marie-Claire Noah, Francine Leca, Marine Jacquemin, Catherine Enjolet, Christine Lehot, Céline

Charloux, Mireille Darc et May Chidiac. C'est l'occasion de très belles rencontres qui, pour moi novice dans bien des domaines, sont constructives et porteuses.

Christine Janin et toute l'équipe d'*À chacun son Everest* m'apportent leur savoir-faire. Je n'ai que trente-trois ans et j'ai encore beaucoup à apprendre. Je me nourris de l'expérience de Christine Janin, dont les conseils éclairés me sont précieux et dont l'exemple me pousse à aller de l'avant, à croire que je peux faire plus et mieux. Elle en est la preuve vivante.

La presse féminine publie plusieurs articles et les actions de Caméléon sont petit à petit connues du public, qui ne tarde pas à réagir pour nous aider. Je suis vite débordée dans mon travail et prends la décision de me consacrer entièrement à Caméléon France et à nos antennes en Belgique, au Luxembourg et en Andorre.

Grâce à l'aide d'un mécène au grand cœur, j'ouvre un bureau à Paris et me concentre sur ma nouvelle mission d'information et de communication portant sur les programmes de l'association. Je dois trouver des financements importants pour assurer la viabilité de Caméléon Philippines et pour éviter que nos petites filles n'aient à retourner dans la rue. Considérant ce scénario comme inimaginable, je m'attelle sérieusement à ma passionnante tâche, qui n'est pas aussi excitante que mon travail sur le terrain mais indispensable.

J'intensifie également mon rôle de sensibilisation auprès des jeunes Français en allant à leur rencontre dans les établissements scolaires. Je leur parle de la situation des enfants aux Philippines et leur donne les moyens de se mobiliser en France pour les aider. Je témoigne de mon expérience, rappelle l'importance des actions citoyennes et solidaires, et je suscite quelques vocations.

Ce travail, je ne le fais pas seule. Depuis mon retour, de nombreux bénévoles, dont certains sont venus en mission aux Philippines, ainsi que des parrains apportent leur soutien. Le conseil d'administration, présidé par ma mère, très active, et les deux salariées qui ont rejoint l'équipe se mobilisent. Tous ensemble, nous consolidons les bases de Caméléon France.

Les Philippines me manquent et je ne peux pas y retourner aussi souvent que je le souhaiterais. Je décide alors de mobiliser la communauté philippine de Paris. Je rencontre le responsable de l'association Hiligaynon, association des Philippins de la province d'Iloilo, et lui propose d'allier nos forces pour aider toujours plus d'enfants. L'idée lui plaît et les actions en faveur de l'association se multiplient. L'ambassade des Philippines à Paris apporte son soutien et la chaîne de solidarité qui se met en place est impressionnante. Je suis prise d'une grande émotion en voyant près de quatre cents philippins réunis autour d'un projet commun et portant les couleurs de Caméléon. L'ambassade de France à Manille soutient également l'association et l'appui sincère et engagé des diplomates philippins et français me réjouit et me conforte dans l'idée que nos deux pays peuvent faire beaucoup de travail, dans l'intérêt des enfants.

Je retourne aux Philippines trois fois par an pendant un mois pour travailler avec le personnel sur les projets à venir et identifier l'évolution des besoins. Je tiens à communiquer sur des nécessités réelles et à répondre à la demande locale. Pas question d'imaginer des projets qui ne servent à rien ou de susciter des besoins inappropriés. Ces voyages sont, bien sûr, l'occasion de retrouver les enfants et de rencontrer les nouvelles filles. Il me faut retourner régulièrement à la source. Ma motivation en est renouvelée et je peux parler avec conviction des programmes de l'association. Lorsque je rentre en France, mon énergie est sans limite.

Lors de mon dernier séjour, Ellien tente de reprendre contact avec moi. Elle regrette, dit-elle, et me demande de la reprendre comme directrice. Je n'ai plus ce pouvoir. Sa prise de conscience me touche et j'accepte de renouer le contact, même si, au fond de moi, je sais que ce ne sera jamais plus comme avant.

Je revois également Baby, qui semble être enfin sur le droit chemin. Elle a compris l'importance de l'éducation pour espérer trouver un travail et a mis un terme à ses addictions. Le fait que je ne sois plus là pour la sortir d'affaire a sans doute beaucoup aidé à cette prise de conscience. La séparation a été brutale, douloureuse et très déstabilisante, mais elle porte ses fruits et Baby renaît. Je suis à ses côtés pour l'aider, comme promis. Elle voudrait partir travailler à l'étranger. Comment la retenir ? Elle prend exemple sur ces milliers de Philippins qui s'expatrient pour cette raison. L'émigration dans cent quarante pays constitue une ressource essentielle des Philippines. Un million et demi de travailleurs expatriés – qualifiés par le gouvernement de « héros des temps modernes » –, dont les trois quarts sont des femmes, font vivre plus de 25 millions de personnes, soit plus d'un tiers de la population du pays. Ils représentent l'équivalent de 60 % des exportations. La diaspora philippine fait fonctionner le pays.

Je suis rentrée en France pour laisser mon équipe philippine gérer le programme au quotidien et je suis fière du résultat. Grâce aux efforts de tous, le pari est réussi. Je reste seulement présente pour guider le personnel, faire des rapports aux mécènes et mettre en place de nouveaux projets lorsqu'ils sont nécessaires.

J'ai également repris le chemin de la France pour penser un peu à moi et laisser place à ma vie personnelle, avant qu'il ne soit trop tard. Pour aider les autres et rester au maximum de ses capacités, il faut être bien dans sa tête, il faut savoir trouver l'équilibre entre sa vie personnelle et sa vie professionnelle et une déconnexion est parfois nécessaire. L'altruisme est la disposition à s'intéresser à autrui, et non à se dévouer à autrui. Le don de soi ne doit pas être sans limite.

Agir en philanthrope, c'est en premier lieu se connaître et se réaliser soi-même, en d'autres mots, avoir pris le temps de savoir qui l'on est et ce que l'on veut. Une fois l'instrument bien réglé, il permet de mieux voir ce qui ne va pas dans ce qui nous entoure. Sans connaissance réelle de soi, tout engagement est voué à l'échec. Il faut savoir ce que l'on veut et que cela soit limpide. Trop souvent, on se lance dans l'action sans avoir fait un bilan général de soi-même et on se découvre en chemin, parfois dans une voie qui ne nous convient plus. Alors, le but à atteindre n'est plus le nôtre et il nous faut changer de direction ou rester sans conviction. Comprendre, c'est entendre, ressentir, accepter et être philanthrope, c'est l'écoute, le ressenti et l'acceptation de l'autre.

J'ai pris du recul afin de vivre plus sereinement mes engagements, qui restent forts et solides. Je construis ma vie personnelle tout comme ma vie professionnelle et je suis heureuse tout en rendant des gens heureux, je l'espère. Je ne rêve pas de plus ni de moins, je suis bien.

Un bilan positif

La question revient souvent : qu'est-ce qui fait qu'on ne baisse pas les bras lorsque l'on est confrontée au quotidien à la souffrance des enfants, à des pressions, à des menaces de mort et parfois même à des agressions ? Pour moi qui suis dans le feu de l'action, poussée par mon envie de faire plus et mieux, pour moi qui tente d'agir juste et de sauver des vies d'enfants, l'idée d'abandonner n'est pas envisageable.

Face à la détresse humaine ou au désespoir d'un enfant, on ne peut pas fermer les yeux et passer son chemin. Et lorsque l'on décide de tendre la main et que l'on fait la promesse d'aider, on ne doit plus reculer.

Le sourire des filles est mon unique moteur. Tant que je les vois, j'avance sur la route que j'ai tracée à leurs côtés et je ne pense pas aux dangers, sinon je serais déjà devenue paranoïaque. Mais le vrai danger se situe précisément là. À force de subir des menaces, on finit par ne plus y faire attention et par baisser la garde, jusqu'au jour où l'on se retrouve «comme une étoile au fond d'un trou».

Une question encore plus déconcertante revient à chaque conférence : votre action n'est-elle pas une goutte d'eau dans l'océan ? Que ceux qui pensent cela viennent sur le terrain et ouvrent leurs yeux. Est-ce que la vie d'un enfant est une goutte d'eau ?

Toute la difficulté, au cœur de l'action, est de savoir gérer la multitude d'informations et d'émotions qui peuvent vous faire grandir comme vous détruire. Mais en prenant la distance nécessaire, on profite pleinement de cet enrichissement pour ensuite le transmettre aux autres, notamment en France. Le malaise provoqué par l'exclusion est inquiétant. Ce que l'on apprend au bout du monde au contact des populations défavorisées peut être appliqué dans nos rues, nos métros, car la détresse des sans-papiers ou des exclus saute aux yeux et n'est pas supportable.

Découvrir un pays et ses habitants, s'investir dans un projet, le développer, répondre à un appel, imaginer, créer et se battre pour réaliser son rêve, puis s'engager auprès et pour les autres, grandir à leurs côtés... là était ma mission, ma vocation. Impossible d'y échapper, l'engagement était total, irrévocable.

La plus grande satisfaction que m'apporte cette aventure extraordinaire est le sourire des filles. Le bonheur de les voir étudier et rêver à nouveau pour une vie toute en couleurs.

« On ne voit bien qu'avec le cœur » et parce que le regard d'un enfant justifie tous les engagements, je ne compte pas m'arrêter là. C'est ainsi que le livre se referme sur quinze ans d'une vie pas tout à fait comme les autres...

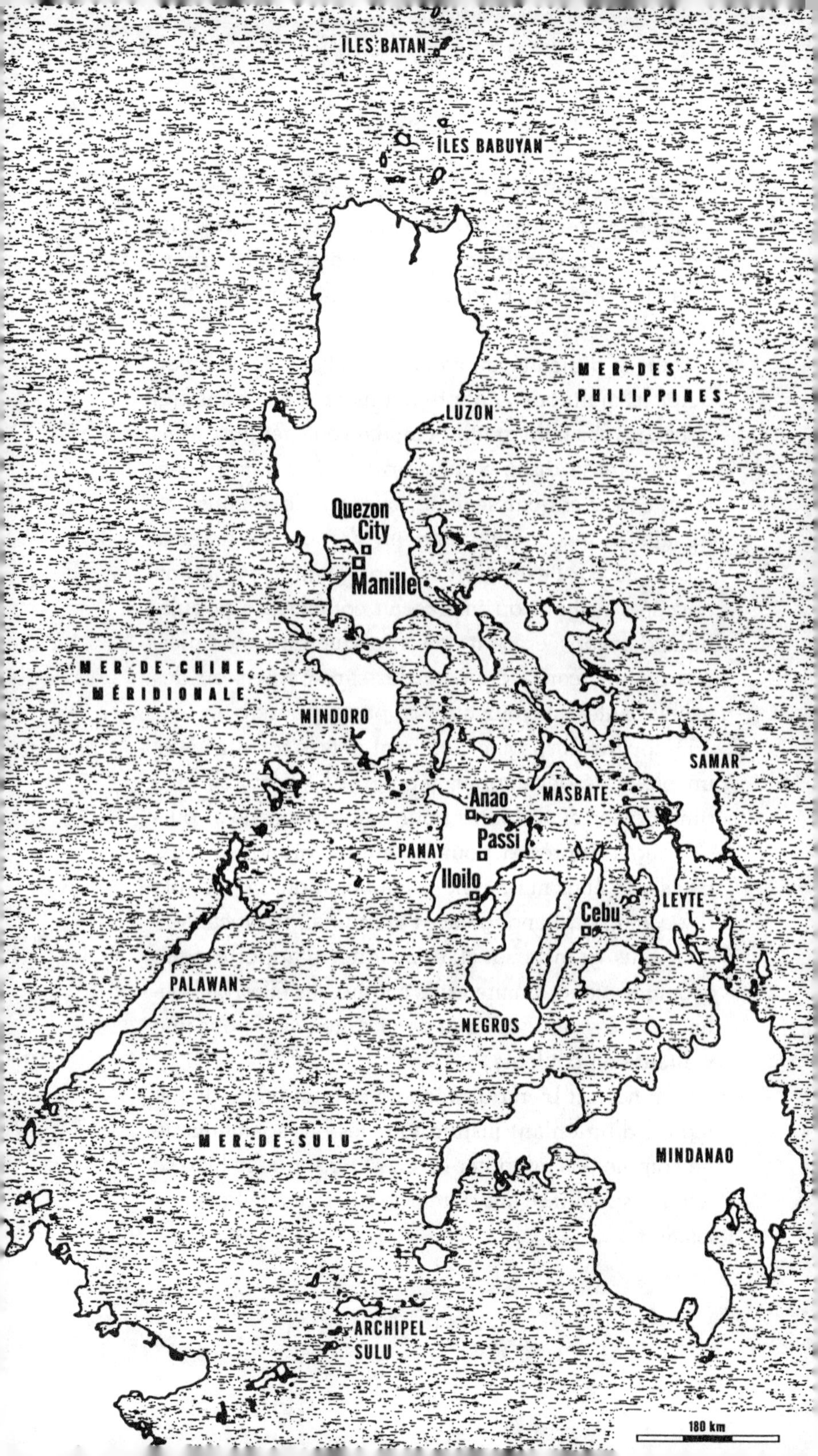
ÎLES BATAN
ÎLES BABUYAN
MER DES
PHILIPPINES
LUZON
Quezon
City
Manille
MER DE CHINE
MÉRIDIONALE
MINDORO
SAMAR
Anao
MASBATE
Passi
PANAY
Iloilo
LEYTE
Cebu
PALAWAN
NEGROS
MER DE SULU
MINDANAO
ARCHIPEL
SULU
180 km

TÉMOIGNAGE

C'est en septembre 1998 que je suis arrivée au Centre Caméléon, placée par les services sociaux. J'ai intégré cette institution pour des problèmes de famille que l'on ne pouvait résoudre par nous-mêmes. [Céleste, ainsi que ses deux sœurs, a été violée par son père pendant de nombreuses années, au vu et au su de sa mère qui, impuissante et elle-même victime de maltraitance, a sombré dans la folie.]

Au début, je me suis sentie triste d'avoir été séparée de mes amis et de ma famille. Quand j'ai vu l'endroit, j'ai beaucoup hésité à rester, j'ai eu envie de pleurer parce que c'était un monde totalement différent de là où j'avais l'habitude de vivre. Mais grâce aux encouragements de mon assistante sociale, j'ai été capable de m'adapter à ce nouvel environnement.

Je suis restée trois ans et demi au centre et je suis réintégrée depuis six ans. En regardant en arrière, je peux vraiment voir ce que Caméléon a changé dans ma vie. Au début, j'ai trouvé que c'était compliqué et difficile de m'exposer aux différentes personnes autour de moi. C'était difficile de faire confiance aux autres et d'exprimer mes sentiments et mes problèmes aux autres filles et au personnel.

J'avais l'habitude de m'isoler, du fait de mes expériences passées. C'était difficile à oublier et à accepter, je voulais toujours être seule. J'étais trop timide pour parler de mes problèmes et trop sensible par rapport à ce que les autres pourraient dire ou pourraient me faire. J'étais facilement blessée et je me sentais vulnérable. Mais grâce à Dieu, qui m'a permis d'accepter mon passé, je suis devenue forte, il m'a montré que mes ennuis pouvaient avoir une fin. Aussi, ma gratitude va vers l'association Caméléon, qui m'a montré la bonne direction, m'a soignée et a fait de moi une meilleure personne.

Les années passées à Caméléon représentent un grand changement dans ma vie. J'ai été bien formée. Cela a fait ressortir le meilleur en moi. Avec l'aide du personnel, qui m'a toujours encouragée à participer à chaque activité, j'ai pu surmonter et accepter mon passé et ma réalité. J'ai pensé que c'était le bon moment pour commencer à m'ouvrir aux autres. J'ai appris à partager ma vie avec les autres, à me connaître et à les connaître.

Caméléon m'a aidée à développer ma stabilité émotionnelle, physique et mentale. L'association m'a envoyée à l'école. J'ai développé des compétences à travers l'art, le théâtre, la danse, le chant, la peinture sur tee-shirts, la production de cartes de vœux et la photographie. Ces activités m'ont non seulement aidée à améliorer mes relations avec les autres, mais ont aussi inscrit en moi des valeurs de responsabilité et de respect. J'ai de la chance d'avoir fait partie de Caméléon.

J'ai été réintégrée en 2002. L'association Caméléon m'a replacée dans ma famille. Ces années-là ont été également des années très difficiles. Je devais vivre ma vie indépendamment, parce que ma mère, souffrant de troubles psychiatriques liés à notre passé, n'était pas capable de prendre soin de moi et de mes frères et sœurs. J'ai donc décidé de loger dans une pension pour pouvoir suivre mes études. Cela a été possible grâce à l'aide de Caméléon et de mes parrains.

À seulement dix-sept ans, j'étais un peu effrayée à l'idée d'habiter seule pour la première fois. J'avais peur des choses qui pouvaient m'arriver, mais grâce à ma formation à Caméléon, j'ai appris que j'étais capable de tenir seule sur mes deux pieds. Afin d'atteindre mon rêve, j'ai gardé vraiment la foi en étudiant sérieusement. Mes études ont toujours été ma priorité. Je suis contente d'avoir pu résister aux tentations dans ce monde matérialiste.

Je viens de terminer mon cursus de quatre ans à l'Université en obtenant ma maîtrise de « Sciences de l'éducation » et je prépare l'examen pour devenir institutrice. La vie universitaire a été un défi supplémentaire à relever, mais je l'ai fait avec une grande motivation et sans peur. J'ai appris que chaque jour que nous vivons nous transforme, au fur et à mesure des expériences que nous vivons. La vie universitaire a été cruciale dans mon parcours.

Après toutes ces années d'efforts, je suis très fière de dire que je suis une « vraie survivante ».

Ces dernières années, j'ai tenu à me porter volontaire à Caméléon pour m'occuper des filles qui ont vécu les mêmes expériences douloureuses que moi. C'est vraiment un grand plaisir de me rendre utile pour elles. Je sais ce qu'elles ressentent, je peux les aider.

Je voudrais dire merci à Laurence et Ellien, les fondatrices de Caméléon, qui ont rendu possible le projet de construire une maison où les filles comme moi peuvent rester un moment afin de se soigner et de guérir leurs blessures profondes.

Merci aussi au personnel de l'association pour m'avoir encouragée et aidée à m'améliorer.

Et merci à mes amies, les autres filles de Caméléon, qui m'ont inspirée et m'ont aidée à atteindre mon but. Merci pour toutes les joies qu'elles ont apportées dans ma vie.

Mon cœur restera toujours avec vous tous...

Céleste, vingt et un ans

QUELQUES POINTS DE REPÈRE

DONNÉES GÉNÉRALES

Devise nationale : *Maka-Diyos, Maka-Tao, Makakalikasan at Makabansa* (en tagalog), « Pour l'amour de Dieu, du peuple, de la nature et du pays ».
Superficie : 300 000 km^2. Archipel de 7 107 îles situé à l'ouest de l'océan Pacifique, en Asie du Sud-Est.
Population : 87,9 millions d'habitants (2005)
Capitale : Manille (18 millions d'habitants)
Régime politique : démocratie parlementaire
Langue nationale : tagalog (7,5 % d'illonggo : dialecte d'Iloilo)
Langue officielle : anglais
Monnaie : peso (PHP)
Croissance démographique : 2,3 %
Espérance de vie : 70,7 ans (2004)
Taux d'alphabétisation : 92,6 % (2004)
Religions : catholique (84 %), musulmane (7 %), protestante (4 %), bouddhiste (1,5 %)
Indice de développement humain : 0,763 (2004)
PIB : 86,12 milliards US$ (2004)
PIB par habitant : 1 010 US$ (2004)
Taux de croissance : 5,1 % (2005)
Taux de chômage (au sens du BIT) : 8,2 % (2005)
Taux d'inflation : 5,5 % (2004)
Balance commerciale : 0,702 milliard US$, soit 0,81 % du PIB (2004)
Principaux clients : Japon, États-Unis, UE, Chine (2003)

Principaux fournisseurs : Japon, États-Unis, Chine, Singapour, Taïwan, Corée du Sud
Part des principaux secteurs d'activité dans le PIB (2004) :
– agriculture : 15,2 %
– industrie : 31,86 %
– services : 52,93 %
Exportations de la France vers les Philippines : 20e rang (2005)
Importations françaises depuis les Philippines : 20e rang (2005)
Communauté française aux Philippines : 1 431 immatriculés (2005)
Communauté philippine en France : 30 000 (estimation 2004)

40 % de la population vit en dessous du seuil de pauvreté.
100 000 enfants sont prostitués, dont 10 % de garçons (source : Unicef, 2001).
34,5 % de la population a moins de 14 ans.

Source : ministère des Affaires étrangères français

REPÈRES HISTORIQUES

1521 : Découverte des Philippines par Magellan. Les îles ont été nommées ainsi en l'honneur de l'Infant d'Espagne, le futur Philippe II d'Espagne.
1565 : Les Philippines rentrent dans l'Empire colonial espagnol. 333 ans de colonisation.

1898 : Domination américaine après la guerre d'Espagne. Elle durera 48 ans.
1935 : Gouvernement autonome. Manuel Quezon, premier président élu.
1942 : Occupation japonaise pendant la Seconde Guerre mondiale
1944-1945 : Les Américains libèrent les Philippines de la domination japonaise.
4 juillet 1946 : Indépendance de l'archipel.
1946 : Le dictateur Ferdinand Marcos à la tête du pays pendant 20 ans. La révolution d'EDSA 1 le contraint à l'exil.
1986 : Cory Aquino, présidente. Nombreux coups d'État.
1987 : Adoption d'une constitution.
1992 : Fidel Ramos, président. Retour à la stabilité politique.
1992 : Retrait des bases américaines.
1998 : Joseph Estrada, président. La révolution d'EDSA 2 l'oblige à démissionner (accusation de corruption).
2001 puis 2004 : Gloria Macapagal Arroyo, présidente.

LOIS DE PROTECTION DE L'ENFANCE

1992 : RA 7610, loi de protection des enfants contre les abus, l'exploitation et la discrimination
1993 : 1er bureau de police de protection des femmes (UP-PGH Women's Desk)
1997 : RA 8805, centres d'accueil établis dans chaque province et ville pour les victimes de viol

1998 : RA 8551, réforme de police et réorganisation : prise en charge des enfants en situation difficile
1999-2003 : RP-Unicef, 5e plan d'action pour la protection de l'enfance
Juin 2006 : abolition de la peine de mort

LOIS RELATIVES AU TRAVAIL DES MINEURS

• Code du travail (décret présidentiel n° 442), 1er mai 1974
L'âge minimum pour travailler est de 15 ans. Interdiction d'employer des mineurs de moins de 18 ans pour des travaux présentant un danger réel.
• Code de protection des enfants et adolescents (décret présidentiel n° 603), 10 décembre 1974
Permet l'emploi d'enfants de moins de 16 ans seulement si le travail n'est pas trop dur, s'il ne présente aucun danger pour la sécurité, la santé ou le développement normal de l'enfant, et s'il n'affecte pas ses études. Règles strictes imposées pour le calcul du salaire et le nombre d'heures de travail. Permis de travail obligatoire délivré par le DOLE (ministère du Travail et de l'Emploi).
• Republic Act n° 7610 (protection spéciale des enfants contre les abus, l'exploitation et la discrimination), 17 juin 1992
Protection des enfants contre les abus, l'exploitation sexuelle à des fins commerciales, le trafic et les emplois illégaux.
• Republic Act n° 7658, 12 mai 1994
Interdit l'emploi de mineurs de moins de 15 ans dans les secteurs public et privé, excepté lorsque l'enfant

travaille sous la responsabilité de ses parents ou de son tuteur légal dans le secteur d'activité où eux-mêmes travaillent. Amendement de la section 12, article 8 du Republic Act n° 7610.

• Executive Order n° 275 (signé par le président Fidel Ramos), 14 septembre 1995
Création d'un Comité spécial pour la protection des enfants contre toute forme de négligence, d'abus, de cruauté, d'exploitation, de discrimination et autres conditions préjudiciables au développement de l'enfant.

• Memorandum Order n° 71 (signé par la présidente Gloria Macapagal Arroyo), 2 septembre 2002
Ordonne au ministre du Travail de prendre des actions immédiates et effectives pour éliminer le travail des enfants, en respect de la Convention n° 182.

• Department of Labor and Employment Order n° 4, 21 septembre 1999
Dresse une liste d'emplois et activités illégaux pour les mineurs de moins de 18 ans, en accord avec la Convention n° 182.

• Republic Act n° 9208 (contre le trafic d'êtres humains), 26 mai 2003
Mise en place de règles visant à mettre fin au trafic d'êtres humains, notamment les femmes et les enfants. Mécanismes institutionnels de protection et d'aide aux personnes victimes de trafic.

• Republic Act n° 9231 (suppression du travail des enfants et protection spéciale pour les enfants exploités), 19 décembre 2003
Amendement du R. A. n° 7610 avec la mise en place de règles spéciales pour la protection des enfants contre toutes formes d'abus, de négligence, de

cruauté, d'exploitation et de discrimination, y compris le travail des enfants dans les pires conditions. Sanctions renforcées en cas d'abus. Contrôle des heures de travail et de l'usage et de la gestion des bénéfices reçus grâce au travail des enfants. Accès pour l'enfant à l'éducation, à la formation, aux soins médicaux, juridiques et psychologiques.

RÈGLES ET PROGRAMMES

• En accord avec les objectifs du Plan de développement Millenium 2015, le National Child Labour Committee (NCLC) a pris l'engagement de réduire le travail des enfants à hauteur de 75 % d'ici 2015.
• Le gouvernement philippin a considéré comme prioritaire la question du travail des enfants dans son Plan de développement (2001-2004).
• Le National Program Against Child Labour (NPACL) a été adopté par le pays afin d'éliminer le travail des enfants, notamment dans ses pires formes. Le NPACL permet d'agir vite, de débloquer des fonds pour encourager les efforts locaux, nationaux et internationaux destinés à éliminer les conditions de travail des enfants les plus inhumaines et intolérables.
• Le Philippine Time-Bound Programme (PTBP) a été lancé le 28 juin 2002 et il constitue un composant majeur du NPACL.

Source : International Labour Organization (ILO), 2006

REMERCIEMENTS

Je remercie tous ceux qui, très nombreux, m'ont suivie en France comme au bout du monde, dans cette aventure humaine unique et magique. À ma famille, aux enfants, à tous les amis, mécènes, parrains, personnalités, bénévoles, salariés, votre aide et votre confiance ont permis de faire de mon beau rêve utopique une réalité concrète et utile. À toutes et tous, j'exprime ma sincère reconnaissance et je vous invite à poursuivre cette merveilleuse aventure. Caméléon n'a que 10 ans, l'avenir nous réserve certainement de nouveaux défis et je compte sur vous pour les relever avec moi !

Merci à ma maman, Marguerite Chevat, pour son soutien moral et son implication personnelle dans l'association, à mes grands-mères Mam et Pilouette, à mes sœurs Virginie et Annabel.

Merci à nos deux magnifiques et talentueuses marraines : Laure Favre-Kahn, marraine de Caméléon France et KC Concepcion, marraine de Caméléon Philippines.

Merci aux membres des conseils d'administration de Caméléon France, de Caméléon Philippines, de Caméléon Luxembourg et de Caméléon Belgique.

Merci à nos partenaires publics : ambassade de France aux Philippines, ambassade des Philippines en France, Conseil régional de Bourgogne, Department of Social Welfare and Development (DSWD), Grand Lyon, mairie de Chalon-sur-Saône, mairie de St Marcel (Saône-et-Loire), ministère de la Coopération belge, ministère des Affaires étrangères, Philippines National Police (PNP), URIOPSS, villes d'Iloilo et de Passi.

Merci à nos partenaires privés : Atos Origin, Apicius, Au Féminin.com, Brother, Cathédrale américaine, Clarins, Cocktail Scandinave, fondation Accenture, fondation Baxter, fondation BMW, fondation France Libertés, fondation Lacoste, fondation Suez, GE Capital, Gemba, Glencore International, ISICA, KLM, L'Oréal, Meditech, NEC, Sanofi-Aventis, Société Isocèle, World Place.

Merci aux associations partenaires : À Chacun Son Everest, Agence pour l'Éducation par le Sport, AIMER, Amaryllis (HEI), ASMAE, association Sœur Emmanuelle, Ateliers Sans Frontières, cirque Zanzibar, ERDA, Guilde européenne du Raid, Enfants d'Asie, Enfants du Mékong, Hiligaynon Association, Infants Del Mon (Andorre), L'AILE, Mécénat chirurgie cardiaque, REPER, Rue des Enfants (ESCP), Vlaams Internationaal Centrum (VIC) et aux nombreux clubs services.

Merci aux établissements scolaires : Lycée Hilaire de Chardonnet et lycée Mathias de Chalon-sur-Saône ; University of the Philippines, Visayas.

Et un merci tout particulier aux personnes de cœur qui m'ont un jour tendu la main en m'accordant leur confiance et me prodiguant les conseils dont j'avais tant besoin : Alice Saldana, Arnaud d'Aboville, Carole Humbert, Catherine Alvarez, Claude Michel, Christian Courtin, Christine Fontanet, Corinne Lechevalier, Dennis Mana-ay, Dr Christine Janin, Edith et Michel Rolin, Ellien Regondon, Erna Foerster, Francis Roche, Francisca et Kune, Françoise Joly, Hervé Philippe, Gérard Chesnel, Giovana Kampouri, Guilaine Chenu, Isabelle Fromager, Jacques Gallois, Jean-Michel Armengol, Jean-Paul Lafay, Jean Philippe Peyral, Jef Odet et les artistes du cirque Zanzibar, Laurence de Wouters, Louis-Marie Duchamp, Luc Olivier Marquet, Marie-Odile et Jean-Michel Pelotte, Marie-Claire Taillieu, Maurice Dunand, Michel Gahylle, Noe Lico, Père Tritz, Philippe Mas, Pr Francine Leca, Ricardo Andrada, Sœur Emmanuelle, Trao N'Guyen, Véronique Hoffeld.

TABLE DES MATIÈRES

CAMELEON
association

SOUTENEZ L'ASSOCIATION CAMÉLÉON

- en parrainant un enfant :
  - 24 € / mois (frais de scolarité + transport)
  - 38 € / mois (scolarité + transport + nourriture)
  - 46 € / mois (bourse d'étudiant)

- en faisant un don :
  par virement ou par chèque bancaire à l'ordre de « Association CAMÉLÉON » (réduction fiscale pour les particuliers et les entreprises)

- en adhérant à l'association :
  25 € / an

Devenez membre actif de Caméléon et recevez des informations régulières sur l'association.

- en devenant bénévole :
  - en France

Organisation d'événements au profit de l'association, recherche de parrains, recherche de financements, mise à disposition de compétences techniques (informatique, marketing, médias...).

  - aux Philippines

Mission d'animation, soins médicaux et dentaires, formation, chantier de construction...

La maîtrise de l'anglais est obligatoire pour les missions aux Philippines.

VOS COORDONNÉES

NOM : ....

Prénom : ....

Adresse : ....

....

....

Tél. : ....

Portable : ....

Fax : ....

Email : ....

À ...., le..............

MERCI !

<u>Bulletin à retourner à :</u>

Association CAMÉLÉON
51, rue Daguerre
75014 PARIS
Tél. : 01 43 22 35 92
Fax : 01 43 27 20 65
Email : ass.cameleon@wanadoo.fr
Web : www.cameleon-association.org

N° de compte bancaire :
Association CAMÉLÉON
BNP Paribas
Domiciliation CHALON-SUR-SAÔNE (00695)

RIB : 3000401428 00010011617 – 09
IBAN : FR76 3000 4014 2800 0100 1161 709
BIC : BNPAFRPPCHL